THOMAS RADDATZ

# IM RÜCKSPIEGEL

## ERINNERUNGEN EINES BERLINER BLOCKADEKINDES

## BAND 2: ZEIT DES WANDELS

VON DUTSCHKE BIS SCHLEYER

ODER

VON MOSKAU NACH LAMIA

1968-1981

AF721282

ROMEON
VERLAG

**IM RÜCKSPIEGEL**
**Erinnerungen eines Berliner Blockadekindes,**
**Band 2: Zeit des Wandels**

1. Auflage, erschienen 07-2023

Umschlaggestaltung: Romeon Verlag
Text: Thomas Raddatz
Layout: Romeon Verlag

**www.romeon-verlag.de**
Copyright © Romeon Verlag, Jüchen

Das Werk ist einschließlich aller seiner Teile urheberrechtlich geschützt. Jede Verwertung und Vervielfältigung des Werkes ist ohne Zustimmung des Verlages unzulässig und strafbar. Alle Rechte, auch die des auszugsweisen Nachdrucks und der Übersetzung, sind vorbehalten. Ohne ausdrückliche schriftliche Genehmigung des Verlages darf das Werk, auch nicht Teile daraus, weder reproduziert, übertragen noch kopiert werden. Zuwiderhandlung verpflichtet zu Schadenersatz.

Alle im Buch enthaltenen Angaben, Ergebnisse usw. wurden vom Autor nach bestem Gewissen erstellt. Sie erfolgen ohne jegliche Verpflichtung oder Garantie des Verlages. Er übernimmt deshalb keinerlei Verantwortung und Haftung für etwa vorhandene Unrichtigkeiten.

**Bibliografische Information der Deutschen Nationalbibliothek:**
Die Deutsche Nationalbibliothek verzeichnet diese Publikation in der Deutschen Nationalbibliografie; detaillierte bibliografische Daten sind im Internet über *https://portal.dnb.de* abrufbar.

# INHALT

# VORWORT

Als der Entschluss reifte, meine Biographie aufzuschreiben, war ich mir über die Vielschichtigkeit noch nicht so richtig im Klaren. Erst als ich mich mit den Einzelheiten eingehend beschäftigt habe, tauchten Fragen der Wichtigkeit auf, welche Bedeutung hat wohl das eine oder andere Ereignis genommen? Was wäre wohl in dem einen oder auch anderen Fall geschehen, wenn das Schicksal es anders gewollt hätte? Ein Forum für freie Spekulationen möchte ich nicht eröffnen, gleichwohl sind natürlich alle persönlichen Erlebnisse von subjektiver Wahrnehmung geprägt, wie sollte es auch anders sein? Der geschilderte historische Hintergrund ist so geschehen, wie er sich tatsächlich abgespielt hat, zumindest aber in der Wirkung auf mich und die Zeit, über die ich berichte.

Ein sensationeller Impuls mag nicht die vielen Versuche ausgelöst haben, meinem Leben eine gewisse Struktur zu verleihen. Oft war aber ist dem Versuch auch die Erkenntnis des Irrtums gefolgt.

Meinen Nachkommen – egal welcher Ebene – mag es nützlich sein zu erfahren, welchen persönlichen Schwierigkeiten man hier und da ausgesetzt war, teils aus eigenem Unvermögen, teils aus schicksalhafter Verknüpfung und wie es gelingen konnte, dem Ganzen eine positive Seite abzugewinnen.

In jedem Fall aber kommt die Schilderung des Ablaufs meiner Lebensabschnitte eine authentische Bedeutung zu. Der Kindheit und Schulzeit folgt die Reife in Ausbildung und Studium, gefolgt von der definitiven Berufsfindung und der endgültigen Positionierung zwischen Arzt und Familie.

Ferner habe ich in der kürzeren Vergangenheit Grund zu der Befürchtung, dass die Qualität insbesondere in der Medizin zu Lasten einer galoppierenden Kommerzialisierung geradezu ins Bodenlose abzustürzen droht. Eine menschlich verwertbare Heilkunst ist hoffnungslos abhandengekommen. Erlösung auf eine Restaurierung ist nur bei einem weltweiten Paradigmenwechsel der dominierenden Gesellschaftsschichten zu erwarten.

# 1. KAPITEL:

## ERSTMAL STUDIEREN, ABER WAS?

Eigentlich gab es keinen Zweifel, dass dem Abitur ein Studium folgen sollte. Nur das Fach war unklar. Es gab eine ganze Reihe von Möglichkeiten, aber die Vielzahl hat die Auswahl nicht erleichtert. So hat der Volksmund wieder einmal Recht behalten, indem er erklärt: Wer die Wahl hat, hat die Qual. Beliebte Ausbildungsgänge waren Medizin, Lehramt oder auch Jura. In die Fußstapfen meines Vaters, des Hochschullehrers mit Beamtenstatus, wollte ich auf keinen Fall treten, dazu war der Vorbildcharakter eher ungeeignet.

Im Nachhinein betrachtet, stellen sich viele Details anders dar, gelegentlich auch deutlich undramatischer. Zum Zeitpunkt der Entscheidung hingegen gab es kaum Zweifel, dass ich das, was ich am besten zu beherrschen glaubte, auch zu professionalisieren beabsichtigte, und das war Deutsch und Geschichte. Diese Kombination schreit eigentlich nach einem Lehramt, aber genau das hatte ich ja bereits im Vorfeld ausgeschlossen. Ein anderer Studiengang stattdessen kam mir nicht in den Sinn, jedenfalls nicht so schnell.

Und so geschah das, was sich auf dem Boden der mir eigenen Selbstüberschätzung schon während der Schulzeit offenbart hatte und auch im weiteren Leben einen gewissen Wert eingenommen hatte, von dem ich mich nie so ganz haben lösen können, egal, was die Ursachen oder Folgen waren. Das Studium der Germanistik bestand größtenteils aus Lesen und Verarbeiten des Gelesenen. Mit Geschichte war es nicht viel anders. Zu Beginn meiner akademischen Laufbahn, getragen von dem Gefühl, etwas ungeheuer Bedeutsames vollbracht zu haben, habe ich mich in eigener Zufriedenheit gesonnt und abgewartet, ob etwas geschieht, was sich nicht auf meine Aktivitäten gründet und dennoch eine interessante Perspektive gestattet.

Meine erste Begegnung mit der Freien Universität Berlin, der Uni meiner Wahl, verlief ausgesprochen ernüchternd, so nüchtern wie ein Ministrant im Kindergottesdienst. Die Vorstellung, dass man zur Einschreibung, der so genannten Immatrikulation, nicht viel mehr bräuchte als das Abiturzeugnis, hat sich als beispiellos verhängnisvoller Irrtum erwiesen. Wie später in verschiedenen Lebenssituationen wurde dem Umstand einer gültigen Krankenversicherung auch weit mehr Bedeutung zugeschrieben als dem eigentlich zukommt. Jedenfalls erinnerte mich der Vorgang der Erstimmatrikulation auf fatale Art und Weise an Zuckmayers „Hauptmann von Köpenick“: Keine Arbeitserlaubnis ohne Aufenthaltsgenehmigung, allerdings auch umgekehrt, nämlich keine Aufenthaltsgenehmigung ohne Arbeitserlaubnis. Soweit die Grundsätze nach den preußischen Instruktionen. Mir wurde der Studentenausweis erst ausgestellt, als ich eine Krankenversicherung nachgewiesen habe. Meine gültige Krankenversicherung, die Barmer Ersatzkasse, wollte allerdings ihrerseits diese nicht ohne Immatrikulation bestätigen. Also kein Studentenausweis ohne Krankenversicherung, keine Krankenversicherung ohne Studentenausweis. Gratulation zu solcher Bürokratie, die in dieser Form nicht zu übertreffen ist.

Jetzt war ich also Student, ein Student wie Rudi Dutschke, zwar nicht so bekannt, und auch nicht mit dem Nimbus ausgestattet wie dem politisch sehr aktiven Studentenführer, dafür aber immatrikuliert an der gleichen Uni. Es lässt sich wohl nicht verheimlichen, dass mir damals ein gewisses elitäres Bewusstsein gewachsen ist.

In dieser Zeit kochten gerade –

angeheizt durch den wenige Monate zurückliegenden unseligen Besuchs des Schahs von Persien und die Liquidierung des Studenten Benno Ohnesorgs durch eine polizeiliche Dienstwaffe die Gewaltbereitschaft insbesondere der so genannten Ordnungskräfte, also der Polizei, einem neuen, geradezu täglich heißer werdenden Siedepunkt entgegen. Die Berliner Durchschnittfamilie hat sich mit dem autokratischen Führungsstil des persischen Herrscherhauses nicht sonderlich beschäftigt, jedenfalls nicht mehr als mit der wilhelminischen Speisekarte zum Ende des Ersten Weltkriegs. Größere Aufmerksamkeit hat die Boulevardpresse jedoch dem Erscheinungsbild von Farah Diba, der schmucken Schahgattin, gewidmet. Diese hatte sich erst kurze Zeit zuvor pompös zum kaiserlichen Oberhaupt krönen lassen und war seither Lieblingsmotiv der bundesdeutschen Regenbogenpresse, indem sie von einem Wohltätigkeitsball zum nächsten hetzte. Insbesondere ihre narzisstischen Auftritte als mitfühlende Landesmutter haben dem Zynismus des Herrscherhauses neue Nahrung verliehen und die oppositionellen Kräfte in Persien, aber auch im viertausend Kilometer entfernten Berlin zu verstärktem Widerstand getrieben. Ein kollektiver Aufschrei der Empörung unter der Bevölkerung wäre zwar erwünscht, vielleicht auch erwartet worden, blieb aber aus, vermutlich hatte die Indoktrination der Springerpresse hier wie dort ihre Spuren hinterlassen. Und so entstand der Eindruck einer gespaltenen Bevölkerung, die einen wollten mit aller Macht den Status quo erhalten, die anderen suchten wie in der McCarthy-Ära die Schuld allen Übels bei den bewährten Protagonisten, zu denen auch bald Rudi Dutschke gehörte, auf den im April ein Attentat verübt wurde, an dessen Spätfolgen er nach mehr als elf Jahren versterben sollte.

Derweil tobte der Vietnamkrieg mit unverminderter Brutalität weiter, ohne dass es sich in der Bevölkerung herumgesprochen schien, wer dafür am Ende verantwortlich war. Insofern war unbestritten: Die US-Amerikaner sahen ihre Mission darin, die westlichen Werte zu verteidigen und hatten demnach ein legitimes Interesse an dem Völkermord in Südostasien. Die Ausdehnung der Kriegshandlungen in Laos und Kambodscha mag man als die logische Folge der imperialistischen Gesinnung unter dem Sternenbanner betrachten, erfolgreich flankiert durch Propagandamaßnahmen des Soldatensen-

ders AFN. Aber auch die bundesdeutschen Medien haben sich der amerikanische Deutungshoheit unterworfen und hatten somit einen Großteil der antikommunistischen Stimmung zu vertreten, die damals in Berlin herrschte. Einerseits warf die außerparlamentarische Opposition in Gestalt der Galionsfiguren Bader und Meinhof ihre Schatten voraus. Andererseits war es wesentlich bequemer, sich dem politischen Zündstoff mit der Meinungsübernahme aus dem Hause Springer zu entziehen.

Als Student glaubte ich, einer gewissen Kaste anzugehören, die mich aber nicht automatisch zu einem besseren Menschen macht. Worin aber das Besondere lag, musste sich erst in späteren Jahrzehnten beweisen, und auch dieses Ergebnis ist nicht eindeutig. Vielleicht liegt es aber auch in den Wunsch des Menschen, nach absoluten Wahrheiten zu streben, die nicht täglich neu verhandelt werden müssen. So fragte mich der Onkel einer Freundin anlässlich einer Familienfeier auf eine Bemerkung zu meinem Studienfach ungläubig: „Germanistik? Ich dachte, da wäre schon alles erforscht," was eigentlich in eine Mischung aus Naivität und Snobismus mündete.

Das erste Semester bestand zu meiner allergrößten Überraschung nicht nur in der geistigen Beschäftigung mit akademischen Lehrinhalten wie dem Nibelungenlied, wohl dem Deutschesten aller Lieder, sondern es fehlte auch nicht an etwas, das sich in der Folgezeit zum elementaren Bestandteil der Westberliner Studentenschaft entwickeln sollte: Dreck und Müll. Niemand fühlte sich für ein Mindestmaß an Sauberkeit und Müllbeseitigung zuständig. Und so war es weder Zufall, noch Absicht, dass mehr Flugblätter und wilde Pamphlete die Korridore und Seminarräume beherrschten als germanistische Schriften. Diese Optik stand im krassen Gegensatz zu der gutbürgerlichen Umgebung meiner Kindheit, zwar gewöhnungsbedürftig, aber formal auszuhalten. Dass es niemanden gab, der an dem kilohaften Papiermüll Anstoß genommen hat – von Beseitigung ganz zu schweigen - hat mich zumindest gewundert. Weitaus wunderlicher, ja geradezu toxisch durchdrungen kamen die Aktivitäten der Polizei daher, die das Recht auf Ordnung-Schaffen etwas zu großzügig auslegte und dabei auch einige Studentenköpfe ins Visier nahm. Daher gehörte auch der Bauarbeiterhelm zur Standardkopfbedeckung vieler Studenten, auch auf der Rückbank meines VW-Käfers hatte ich einen Bauhelm verstaut, sicher ist sicher. Ein Loch im Kopf lässt sich zuweilen nicht so schnell reparieren, wie er hineingekommen ist.

Im Brennpunkt standen die bevorzugten Gegner der Polizei, Angehörige des Otto-Suhr-Instituts und des Germanischen Seminars in der Dahlemer Boltzmannstrasse, das dann auch vorübergehend auf Senatsanordnung geschlossen wurde, um – man achte auf den feinen Sprachgebrauch – einer weiteren Eskalation angemessen entgegenzuwirken. Bis heute ist ja der Begriff der „Angemessenheit“ in unserem Alltag - und da insbesondere in der Rechtsprechung -nicht unumstritten. So häufig wie dieser Begriff benutzt wird, so inflationär ist die Bedeutungsvielfalt bis hin zur eigentlichen Unkenntlichkeit der Sprache. Wer also „Semantik“ für den russischen Verteidiger einer kanadischen Eishockeymannschaft hält, sollte sich schleunigst mit Google aktualisieren. Vielleicht lassen sich dadurch gravierende Missverständnisse wie die restriktive Aschermittwochsregelung beseitigen. Diese entstammt eher meiner Phantasie als dem amtlichen Verzeichnis für offizielle Fachbegriffe aus Verwaltung und Gemeinwesen.

Üblicherweise hat der Seminarleiter eine Namensliste erstellt, in der jeder Teilnehmer aufgeführt war. Mitunter klang das etwas seltsam, so beispielweise als Horst Domdey, der Leiter des Seminars „Jugendlektüre im Freizeitbereich“, die Schreibweise des Nachnamens „Feige“ herausfinden wollte und nachfragte „Wie die Frucht?“. Die Mehrzahl des Studenten nahm diese Antwort mit Gleichmut zur Kenntnis. Ich allerdings habe mit größter Aufmerksamkeit die deutliche Pause registriert, die zwischen der Frage und der Antwort „Ja, … auch!“ entstand. Zumindest bei mir war schallendes Gelächter die Folge, was das einzig Witzige in der gesamten Veranstaltung war. Mir fiel danach ein Beispiel aus der noch nicht lange zurückliegenden Schulzeit ein, wonach Humor mit dem zumeist plötzlichen Einsatz des Unerwarteten einher geht. Und hier war es die Pause, die die Brisanz erzeugte. Anlässlich des erwähnten Seminars habe ich mich meines Patenonkels erinnert, der sich als Rektor einer Schmargendorfer Grundschule durch die unruhigen Zeiten kämpfte und große Sorgfalt darauf verwendete, bei seinen Senatsvorgesetzten nicht anzuecken. Jedenfalls wollte ich im Rahmen meiner Seminararbeit eine Umfrage unter den Grundschülern durchführen, was diese über die Entenfiguren aus den beliebten Micky-Maus-Heften dachten. Mein Patenonkel Kurt Redmann lehnte mein Ansinnen aber ganz kategorisch ab mit dem Hinweis auf die fragwürdige Bedeutung. Außerdem hat er seine Entscheidungskompetenz abhängig gemacht von den Vorgaben seiner vorgesetzten Behörde, also dem Senat. Das hat mich dann doch heftig bekümmert und zeigte die Labilität dieser Zeit.

Von den politischen Umtrieben, die teilweise mit tektonischer Urgewalt auf das gespaltene Berlin einwirkten und sich als Initialzündung Jahre später im Terror der RAF (Rote-Armee-Fraktion) entladen sollte, wird auch lange Zeit danach von einer Ära des beginnenden Schreckens berichtet werden, ähnlich der Jakobinerzeit nach der Französischen Revolution. Anfang April steuerte die Unfähigkeit der USA in der vernunftbezogenen Gestaltung einer gewaltfreien politischen Grundsätzlichkeit einem neuen Höhepunkt entgegen. Ähnlich dem Drama um den Tod von John F. Kennedy einige Jahre zuvor haben auch bei dem Bürgerrechtler Martin Luther King nicht nur Patrioten dieses Attentat gestützt. Auch hier hat sich die amerikanische Politik der Law-and-Order-Prinzipien offenbart, was zu einem steten Machtzufluss des Waffenrechts geführt hat. Und der liegt inzwischen in den Händen der Waffenlobby namentlich der National Rifle Association, die maßgebend von der Hollywoodlegende Charlton Heston, dem Ben Hur der Sechziger, bestimmt wurde. Als ob das nicht gereicht hätte, fand zwei Monate später der aussichtsreiche Präsidentschaftskandidat Robert Kennedy im Kugelhagel selbsternannter Henker den unverdienten Tod, dessen Ableben hat allerdings keine weltweite Trauer ausgelöst, vermutlich waren die Gegenkräfte zur Kennedy-Administration doch stärker als im nichtamerikanischen Rest der Welt.

Begleitet vom archaischen Gemetzel in Südostasien – ich vermeide hier bewusst die Lokalisierung auf Vietnam, als ob in der Nachbarregion Laos und Kambodscha ungestörter Frieden herrschte – nahm auch die Konflikt-bereitschaft der Westberliner Studentenschaft ständig zu. Ja, es verging im Mai 1968 kaum ein Tag, an dem Straßen und Plätze in Dahlem nicht von bürgerkriegsähnlichen Zuständen befallen waren. Agent Orange, das amerikanische Wundermittel zur Entlaubung des Dschungels und damit zur vorzeitigen, natürlich siegreichen Beendigung schlug genauso fehl, wie viele andere Maßnahmen nur mit dem Unterschied, dass die Öffentlichkeit wesentlich wachsamer war und dank einer kritischen Berichterstattung durch eingebetteten Fernsehjournalismus sich der Propagandamaschinerie der Johnson- und später der Nixon-Administration entziehen konnte. Allein der vorgeschobene Posten der imperialen Propaganda in Form des AFN, dem gleichmäßig über den gesamten Globus verteilten amerikanischen Soldatensender, sowie dem kleineren Abkömmling desselben, nicht minder revisionistisch in seiner Anlage und – um den wohl heute gebräuchlichen Begriff der DNA zu strapazieren – dem Rundfunk im amerikanischen Sektor lieferten mit gezielten Fehlmeldungen den dauerhaften Hintergrund für öffentlichen Zündstoff.

# 2. KAPITEL:

## ERSTE WOHNUNG

Nachdem sich das erste Semester sang- und klanglos und ohne größere Stockfehler verabschiedet hatte, bin ich der Empfehlung von Stefan, einem Freund aus der Schule, gefolgt und habe mich um einen Job für die Semesterferien bemüht. Den habe ich dann auch bei der Weinkellerei Kempinski gefunden, den älteren vielleicht noch geläufig als dem aus Vorkriegszeiten bekannten Grand Hotel Kempinski. Mit einem Mercedes Kastenwagen habe ich Wäschekörbe und Weinkisten transportiert, eine nicht ganz leichte Arbeit, die mir trotzdem im täglichen Nahkampf zwischen ökonomischem Zwang und der Unabhängigkeit eines Lkw-Fahrers die Vorzüge von Freiheit näherbrachte. Zum Stammpersonal gehörten auch zwei Frauen der Kategorie ungelernte Arbeiterinnen. Deren Aufgabe bestand in Etikettieren, Flaschen von Rückständen zu befreien, so dass die Füllung störungsfrei vollzogen werden konnte, Regale nachfüllen und so weiter. Während die kleinere der beiden auch gleichzeitig die schlankere war, hatte sie keine Mühe, in dem verwinkelten Regalsystem die Orientierung zu behalten und sich überall geschmeidig hinzubewegen. Ihre Kollegin hingegen war der klassische Gegenentwurf, die typische Berolina: groß und mächtig in ihren Abmaßen. Ihr Erscheinungsbild ließ keine andere Bewegungsart zu als der Sidestep einer englischen Ballerina, sozusagen das Muster eines Tanzes aus der frühen Moderne, was mich stark an das Ballett der Nilpferde aus dem Zeichentrickfilm Fantasia erinnert.

Einige Spezialaufträge wie die Beseitigung von überflüssigem Leergut auf der Müllkippe Wannsee beflügelten meine Phantasie. Der dort tätige Arbeiter hatte auf mir unbekannte Art und Weise seinen linken Arm verloren, wusste sich aber mit der verbliebenen Gliedmaße äußerst geschickt zu behelfen. So hat er eine mit einer blitzschnell ausgeführten Drehbewegung – vergleichbar mit einem Hammerwerfer in der Leichtathletik – eine Badewanne über mehrere Meter weggeschleudert. Wahrscheinlich hat ihm der bisherige Standort nicht so recht zugesagt. Bei dem für mich undurchsichtigen Sinn der Müllkippenverordnung war es nicht ganz so wichtig, ob die Badewanne nun hier oder dort mit der Gelassenheit einer Gewürzgurke auf das rostige Ende ihres irdischen Daseins wartete. In jedem Fall war das Schicksal des Leerguts in dem Augenblick besiegelt, als ich einen geeigneten Platz für dessen Entsorgung ausgemacht hatte. Diese eigentlich destruktive Tätigkeit hatte etwas Ungewöhnliches, aber auch etwas Befreiendes an sich. Nach einer knappen Stunde war das Spektakel vorbei, die Ladenfläche besenrein, der Wagen leergutfrei, und der Heimfahrt stand nichts mehr im Wege. Wie jeden Tag habe ich den Chef der Weinkellerei aus seinem Büro in der Lietzenburger Straße wie in einem Privattaxi abgeholt und in seinem Heimatrevier nahe dem Weinlager abgeliefert. Und mit der Übung kommt die Sicherheit, und der Sicherheit folgt die Routine. Nach dem Ende der Urlaubvertretung in der Weinkellerei Kempinski hatte ich mir eine nützliche Praxis als Kraftfahrer angeeignet, die mich zum Wiederholungstäter befähigte.

Meine Mutter hatte mir dann für das Ende der Semesterferien eine Aushilfstätigkeit bei Ihrem Brötchengeber, dem RIAS Berlin, dem Rundfunk im amerikanischen Sektor, vermittelt. Schon früher hatte ich mein spärliches Taschengeld mit Notenumblättern aufgebessert, damit dem Pianisten bei Gesangsaufnahmen möglichst keine Störung widerfährt. Jetzt war es ein wenig anders: Für diese Tätigkeit wurde nichts weiter benötigt als Kenntnisse des Alphabets. Meine Aufgabe beschränkte sich darauf, die massenhaften Titel der Unterhaltungsmusik alphabetisch zu sortieren. Das waren locker tausende von Titeln, die ständig durch aktuelle ergänzt wurden. Somit habe ich in allen Abteilungen des Senders die Zettel der zeitgenössischen Musiken hinterlassen, quasi die Duftmarken des Archivs, in dem ich für mehrere Wochen täglich anzutreffen war. Den ersten Kontakt mit Menschen, die nicht so ganz in die Konvention passten, war die in Ehren ergraute Anneliese Wiedenhaupt, Kettenraucherin und Leiterin der Abteilung „Tanzmusik", wobei es weniger um Tanzen als um Rock 'n' Pop ging. Außerdem gehörte Frau Wiedenhaupt einer Spezies an, mit der ich bisher wenig in Berührung gekommen war, den Lesben. Deren plumpe Annäherungsversuche an das blutjunge Fräulein Götz hatte mehr peinliche als witzige Züge und sorgte für reichlich Abwechselung unter den sprichwörtlichen Normalos.

Bei genauerer Betrachtung bestand das ganze Archiv aus einer illustren Ansammlung von Individualisten, die der Neigung zu eigenen Trivialitäten folgte und dabei den Unterschied von Wichtigem zu Unwichtigem vernachlässigte, ein typisches Erscheinungsbild von Banalitätenjägern oder – weit weniger vornehm ausgedrückt – von Quatschköpfen. Da fungierte Dr. Kaufmann als Abteilungsleiter, obwohl ihm keinerlei medizinischen Kenntnisse zu eigen waren. Die waren offensichtlich auch eher hinderlich als nützlich, Frau Rosencrantz als dessen Sekretärin erweckte stets den Eindruck eines Racheengels, an dem man auf dem Weg zum Chef nur vorbeikommt, wenn man suizidalen Absichten verfolgt. Herrn Stricker zeichnete nicht nur seine überdurchschnittliche Körpergröße aus, was ihm sein ambitioniertes Cellospiel erleichterte, er war von einem freundlichen Wesen geprägt, ganz im Gegensatz zu Frollein Peters, die täglich gleichbleibend einen eher muffeligen Eindruck hinterließ, so als ob eine freundliche Wesensart wie Lächeln unter Strafe stand. Einige andere Figuren waren eher als dauerhafte Aushilfskräfte ähnlich der Bedeutung einer Blaupause nachempfunden, von der man ihre Notwendigkeit nicht erkennt, bis zu dem Zeitpunkt, wo man sie dringend braucht.

So Frollein Hönig, die ähnlich der kleinwüchsigen Mitarbeiterin eines Tatort-Teams aus Münster von sich behauptete, dass eine geringe Körpergröße auch von einigen Vorteilen durchsetzt wäre und nannte als Beispiel: Wer klein sei, müsste auch nicht so viele Körperflächen waschen. Mir kam diese Begründung reichlich schräg daher, ich hatte mit Frollein Hönig allerdings auch so viel gemeinsam wie ein Pinguin mit einer Portion Bratkartoffeln.

Die stetige Regelmäßigkeit im Tagesablauf hatte keinen Platz für Besonderheiten vorgesehen, einzig politische Ereignisse von einer gewissen Bedeutung pflegten Abwechselung in das Leben eines Studienanfängers wie mich zu bringen. Der Ferienjob beim Rias bot in der Tat etwas Originales. Die mir übertragenen Aufgaben, nämlich neue Musiktitel abhören, katalogisieren und archivieren, habe ich mit größerem Eifer wahrgenommen als das eigentliche Studieren, von dem ich eigentlich nie so richtig überzeugt war, das richtige zu tun. Dennoch habe ich mich in meiner Studentenrolle eigentlich recht wohl gefühlt, ohne sie allerdings mit Begeisterung auszufüllen, wie es der Begriff des Studierens eigentlich verlangt hätte.

So verging die Zeit im Nu. Erstaunlich, wie man sich auch unbekannten Gewohnheiten hingeben kann: Der regelmäßige Genuss einer Tasse ungefiltertem Morgenkaffee läutete mit dem Einfühlungsvermögen einer Feldhaubitze einen neuen Arbeitstag ein und lieferte für den Magen einen handelsüblichen Härtetest. Keine Mühe hatten meine Innereien und haben auf wundersame Weise ihren Dienst nicht versagt. Obwohl ich der professionellen Bedienung einer Schreibmaschine mit all ihren Tasten und Knöpfen überaus skeptisch gegenüberstand, vielmehr saß, habe ich doch in relativ kurzer Zeit eine gewisse Fertigkeit entwickelt, die meinen Kolleginnen in nichts nachstand, zumindest nicht in der Endgeschwindigkeit. Vielleicht haben sich auf diesem Weg meine früheren Pianoübungen ausgezahlt. Anfänglich habe ich die Schreibmaschine nach dem Zweifinger-Suchsystem strapaziert, später haben sich dann die beiden Mittelfinger ihren Weg gebahnt. Na ja, ich habe das geduldet.

Dass ich dann nach einigen Wochen den versteckten Charme meiner jungen Kollegin entdeckte und für mich nutzte, sei hier nur am Rande erwähnt. Die wachsende Zuneigung entlud sich in regelmäßiger Nutzung der Rückbank meines VW-Käfers, der dafür zwar nicht angeschafft worden war, sich aber auch durchaus nützlich erwies, insbesondere weil kein anderweitiger Wohnraum zur Verfügung stand. Das sollte sich erst im Lauf des nächsten Jahres ändern nach dem ersten gemeinsamen Urlaub auf der kroatischen Insel Krk. Um dieses Ziel zu erreichen, mussten mit dem Auto locker tausend Kilometer überwunden werden.

Ein ernsthaftes Hindernis stellte sich in Form des Wurzenpasses heraus, der, wenn man es ihm selbst überließe, dank seiner Lage und Gestalt Österreich von Slowenien trennte und dabei einen schier endlosen Stau verursachte, der allem Anschein nach bis ins 21. Jahrhundert reichte. In einem kleinen Badeort namens Malinska, einem ehemaligen Fischerdorf, haben wir dann Quartier bezogen. Insgesamt mag der Eindruck getäuscht habe, aber vermutlich haben die Jugoslawen unter der Ägide des populären Staatsoberhaupts Josip Broz genannt Tito alle Mittel eingesetzt, um aus dem Vielvölkerstaat auf dem Balkan ein beliebtes Reiseziel nach dem Vorbild von Italien oder Spanien zu machen. Dazu wurde auch ein bestimmter Standard gebraucht, der

tatsächlich allmählich in Erscheinung trat einschließlich der malerischen Sonnenuntergänge in der Bucht von Basra. Einige kleine Bungalows im benachbarten Pinienhain dienten der Übernachtung und spendeten stundenweise wohltuenden Schatten, den man in den Nachmittagsstunden sinnvoll nutzen konnte, ohne sich den drohenden Strapazen eines Sonnenbrandes auszusetzen. Dem ansonsten recht eintönigen Strandleben wurde ein Stückchen Originalität abgerungen durch spontane Ausflüge in die dörfliche Umgebung. Ungewollt sind wir dann auf dem Weg nach Vrboska in eine Bauernhochzeit hineingeraten, mehr der Unkenntnis über die örtlichen Verhältnisse geschuldet als einem fragwürdigen touristischen Vorsatz.

Merkwürdig, dass mir nie in den Sinn kam, Urlaub oder auch Ferien anders zu verbringen, als mit Reisen zu gestalten. Das mag daran liegen, dass mir mein Vater seit meinen zarten Kindesbeinen nie eine andere Option geliefert hat als wegzufahren. Nur, wer wegfährt, kommt auch irgendwann wieder, und muss sich in das bestehende Regulativ einfinden, was dann nicht immer so ganz erfreulich ist. Wer einen eigenen Handlungsspielraum nutzt, ist vordergründig im Vorteil, allerdings nur solange, wie er das eigene Ziel nicht aus den Augen verliert. Und daran hat es bereits früh gehapert. So habe ich mich an dem Spaßfaktor orientiert und dem gefrönt, was am meisten Freude ausgelöst hat. Hilfreich in dieser Hinsicht war der Umstand, dass Tines Vater, der Bau-Ingenieur Fritz Götz seine beruflichen Kontakte nutze und seiner Tochter in ziemlicher Nähe zum Rias, unserer gemeinsamen Arbeitsstelle, eine kleine Wohnung besorgt hat. Diese lag im Hinterhaus oder etwas vornehmer im Gartenhaus der Bruchsaler Straße und zwar exakt an der Stelle, an der die Bruchsaler Straße ihren Knick machte, also ihren sprichwörtlichen Bruch vollzog. Im Gartenhaus waren vier Parteien untergebracht, jeder Mieter bewohnte sozusagen eine eigene Etage. So kam Tine zu ihrer ersten eigenen Wohnung, und ich als ihr studentischer Adlatus war der unmittelbare Nutznießer. Auf diese Art der Zweckgemeinschaft haben wir uns in den kommenden Jahren stillschweigend verständigt, allerdings ohne finanzielle Absprache. Merkwürdig, welche Wirkungen Gewohnheiten entwickeln können. Tine hat alles bezahlt, und ich habe einen unspezifischen Beitrag geleistet, zumeist in Form von handwerklichen Leistungen zum Nutzen für uns beide. Natürlich verfügte sie über ein festes Einkommen, ich hingegen über ein unregelmäßiges. Aber Störungen kamen zwischen uns nicht auf, jedenfalls nicht in finanzieller Hinsicht. Aber der Reihe nach:

Zunächst konnte ich mich nicht dazu durchringen, offiziell mit Tine zusammenzuziehen. Vielleicht hat mir eine innere Stimme abgeraten. Einige Monate nach der täglichen Rückfahrt in die Wohnung von Mutter und Großmutter hat sich auch die regelmäßige Morgenprozedur des nächsten Tages als eher störend, denn nützlich erwiesen. Insbesondere wurde mir die ständige Mitteilung über meinen geplanten Tagesablauf so lästig, dass ich dies definitiv abzuschaffen gedachte. Gleichzeitig mussten aber noch einige, wenn auch kleine Finanzmittel gesichert werden. Und so trug es sich zu, dass ich die kommenden Semesterferien in den Diensten der Firma Nilfisk verbrachte, um – der ökonomischen Planerfüllung eines biederen Studentenlebens die Krone aufzusetzen – Industriestaubsauger an den Mann beziehungsweise an den geeigneten Betrieb vorzuführen und möglichst gewinnträchtig zu verkaufen. Dass mir dazu jegliches Talent fehlte, was sich bei sachgemäßer Anleitung hätte vermeiden lassen, machte sich erst nach Wochen von misslungenen Aktivitäten bemerkbar. Und so fand meine Teilnahme am verdienstvollen Aufschwung der Firma Nilfisk ein vorzeitiges, aber nicht unverdientes Ende.

Gleichwohl hatte ich die Vorteile von finanzieller Unabhängigkeit inzwischen kennen- und schätzen gelernt und konnte mir nur schwer vorstellen, dass das mit einem regulären Studium in Einklang zu bringen wäre. Eher würde der Versicherungsschutz gegen die ungewollte Schwangerschaft durch Außerirdische erlöschen. Und so kam ich mit mir überein, dass ich mir eine Beschäftigung für den Rest der Ferien suchen sollte. Den hatte ich dann auch schnell bei der Firma Arthur Capelle Berufsbekleidungen gefunden. Einziger Nachteil: Die hatten ihren Sitz im Bezirk Wedding, also ziemlich weit. Dafür war das aber eine äußerst entspannte Arbeit bei entspannter Arbeitsatmosphäre, ganz im Gegensatz zu Nilfisk. Letztendlich bestimmt der direkte Vorgesetzte, ob ein Job funktioniert oder nicht. Bei Capelle hat alles gestimmt. Am Vormittag habe ich mit einem Opel-Kadett Kombi kleinere Touren übernommen und Werkzeuge und Stellmachererzeugnisse ausgeliefert, gegen Abend zu Ende des Arbeitstages habe ich dann die bestellten Berufsbekleidungsartikel wie Zimmermannsklamotten zur Post gebracht. Für diese zünftige Ausstattung habe ich früh eine besondere Neigung entwickelt, kam es mir schick und gleichermaßen zweckmäßig vor. Immerhin arbeitet der gewöhnliche Zimmermann bevorzugt im Freien. Trotz Bemühungen seitens des Chefs, der mit mir nicht unzufrieden war, habe ich dann doch diesen Job aufgegeben, zum einen, weil die Fahrt zu aufwendig war und ich zum zweiten damals noch glaubte, die angestrebte akademische Ausbildung wäre das Non-plus-Ultra. Dass das im Wesentlichen davon abhängt, womit man sich befasst, war mir damals noch nicht in Gänze bewusst. Die Dozenten zeigten ein nur geringes persönliches Interesse an dem akademischen Fortgang der einzelnen Studenten. Wer nicht will, der hat schon, so lautete das weit verbreitete Angebot der Zeit. Und mit Vietnam, RAF-Terror, soweit man das als solches bezeichnen mag, und der Fußball-Weltmeisterschaft, sollte nicht zu früh der Heldenstatus aberkannt werden, um sich auf die gesellschaftlich wirklich hochwertigen Errungenschaften konzentrieren zu können. Der Preis für einen Liter Dieselkraftstoff lag übrigens bei wundersamen 29 Cent. Das mutete ähnlich unglaublich an wie 1969 die Mondlandung der Amerikaner, nur dass denen ihre Spaceshuttle Mission ein paar Jahre später gründlich misslang und sie dann ihre diesbezüglichen Bemühungen bis in die heutige Zeit einstellten.

Die Wohnung in der Bruchsaler Straße hatte für junge Menschen wie uns mit Anfang Zwanzig etliche Vorteile, zwei Zimmer, ein großes Wohnzimmer und ein kleines Schlafzimmer, dazu Küche, ein Badezimmer mit Badewanne, Diele und Korridor, alles in allem nicht schlecht. Allerdings der nächste Winter sollte kommen und sein frostiges Antlitz besonders im Badezimmer erstrahlen lassen. Die kleine, dafür aber unscheinbare, in der Wand eingebaute Elektroheizung hatte dem nicht viel entgegenzusetzen.

Tines Halbbruder Norbert versprach seine Hilfe beim geplanten Umzug. Der hatte damals noch recht bescheidene Ausmaße, konnte doch von einem vollständigen Hausstand keine Rede sein. Das sollte erst in Zukunft wachsen. Norbert war ein Freund guter Kleidung. Was immer es zu bewältigen galt, wurde nur im feinen Zwirn erledigt. Selbst Möbel von A nach B befördern, kam für Norbert nur im Anzug in Betracht. So war es nicht verwunderlich, dass seine Verlobte ähnlich ambitioniert war, eine feine Dame mit feinem Kleidchen, gar nicht darauf eingerichtet, sich schmutzig zu machen. Gleichwohl plagte sie die frische Temperatur, wie sie im Winter in einer unbeheizten Wohnung nicht ganz unüblich ist. Norbert – wie immer darum bemüht, seiner Angebeteten jeden Wunsch von den Augen abzulesen - hielt Ausschau nach etwas Brennbarem, was zu einer Erwärmung hätte führen können. Einzig ein Holzbügel erfüllte seine Vorstellungen. So stand er also da, in der einen Hand den Bügel, in der anderen Hand das Feuerzeug, mit dem er versuchte, den Bügel zu entzünden, was natürlich nicht gelang, nicht gelingen konnte. Auch das anwesende Modepüppchen war nicht in der Lage, der Gesamtsituation eine positive Wendung zu verleihen und hat sich darauf beschränkt, zitternd und ansonsten regungslos in der Raummitte zu verharren auf Besserung zu hoffen. So blieb also Norberts Umzugshilfe ein kläglicher und einmaliger Versuch, Unterstützung zu leisten.

Im Wohnzimmer thronte ein gusseiserner Ofen, der unter dem Namen „Allesbrenner“ eine eher verwirrende Bezeichnung davontrug, denn „alles“, wie der Hersteller versprach, war für den Ofen gar nicht gedacht. Herkömmliche Brennmittel wie Holz und Kohle in jeder Erscheinungsform hat er mit viel Appetit verspeist. Gleichzeitig war sein Hunger schier maßlos, seine Wärmekapazität hingegen begrenzt, also eher der Gegenentwurf einer heute erforderlichen Ökonomieausgabe. Um wenigstens ein bisschen Wärme zu bewahren, habe ich andere Maßnahmen eingeleitet, indem Teppichboden als Schutz gegen Fußkälte ausgelegt wurde. So jedenfalls der Plan, nur klappen muss er. Ich hatte noch nie zuvor Teppich verlegt, stellte mir das aber nicht sonderlich schwer vor. Mit dem richtigen Werkzeug, also einem Teppichmesser, sollte das schon gehen, hat aber gedauert. Der Teppichboden lag als Rollenware vor, musste also passgenau zugeschnitten und verlegt werden. So zumindest der Plan für Wohnzimmer und Korridor. In der Diele hatte ich mir von der etwas teureren Heugalux-Ware eine zusätzliche Wärmedämmung versprochen, die dann allerdings doch ausblieb. Vermutlich hat sich dann doch der inflationäre Mangel an altbaulichem Isolationsvermögen ausgewirkt.

Wenn Übung fehlt, ist die Zeit der Faktor. Irgendwann entwickelt sich das, was man anschließend Routine nennt, ohne genau sagen zu können, was eigentlich den Unterscheid ausmacht.

So war es dann auch mit der „abgehängten" Decke im Korridor unter Zuhilfenahme von Rundschwarten, also Hölzern aus dem Endbereich der Stämme, die billig, aber attraktiv waren. Eine Sägemühle im Grunewald hat mir eine ausreichende Menge zur Verfügung gestellt. Nachdem ich laufende vier Meter Decke mit Rundschwarten abgehängt hatte und mir dabei mehr als einmal Eisenschrauben in den Finger befördert hatte, wusste ich, wie es geht. Also Decken abhängen, ist mittlerweile eine meiner Spezialdisziplinen, nach dem fünften Mal in diversen Wohnungen und Häusern glaube ich, die Technik zu beherrschen, die ja in nichts anderem besteht, als ein Stück Holz so zu bearbeiten, dass es in eine Lücke passt, die vorher nicht da war.

Das Aufbewahren von Brennmaterialien beansprucht einerseits einen bestimmten Raum und eine gewisse Lagertechnik, damit es seiner Bestimmung auch noch zugeführt werden kann; andererseits muss natürlich die Verfügbarkeit von Kohle und dergleichen gewährleistet sein, was in diesem Winter nicht durchgängig gelang. Die Stelle, an der die Bruchsaler Straße auf die querverlaufende Durlacher Straße trifft, befand sich ein größeres Freigelände, das trefflich für den Kohlenhandel geeignet war. Vermutlich existierte der Platz schon länger, sicherlich aber schon so lange, wie in den Wohnungen der unmittelbaren Umgebung mit Kohleöfen geheizt wurde. In diesem Winter setzte eine unvorhergesehene Kältewelle ein, die naturgemäß zu einer Kohleknappheit führte. Den Kohlehandelsplatz am Fuße der

Bruchsaler Straße habe ich regelmäßig besucht, manchmal mehrmals täglich in der Hoffnung auf vorhandene Kohle. Mehr als einmal bin ich mit einem Eimer voller Gemisch aus Kohlenstaub und Schneematsch zurückgekommen. Da offenbarten sich Lieferengpässe, wie sie schon Kaiser Wilhelm befürchtet hatte: „Keiner soll hungern, keiner soll frieren.“ Was zu der Verballhornung führte: „Keiner soll hungern ohne zu frieren!“ Just in dieser Zeit der allgemeinen Materialverknappung haben sich findige Geschäftsleute zusammengefunden und Briketts in Tüten zum Verkauf angeboten. So haben wir uns neben Brot, Butter und Bier vom Supermarkt Bolle auch mit einigen Tüten Briketts ausgestattet und damit für anheimelnde Atmosphäre in trauter Abgeschiedenheit des Gartenhauses gesorgt.

Der Jahreswechsel gestaltete sich weitaus unkomplizierter als zu befürchten war. Einzige Imponderabilien waren Art und Anzahl der Gäste sowie Art und Menge des verfügbaren Alkohols. Denn ohne Alkohol war ein geselliges Beisammensein – egal aus welchem Vorwand – nicht vorstellbar. Alle Freunde und Bekannte waren eingeladen, am Silvesterabend zünftig – also mit reichlich alkoholischen Getränken dem alten Jahr Lebewohl zu sagen und gleichzeitig mit ebenso viel Bier und Sekt das Neue Jahr zu begrüßen, damit es auch gleich wusste, wohin es geraten war.

Das Frühjahr stand unter der dem dauerhaften Einfluss einer chronischen Mandelentzündung. Die Halsschmerzen und Schluckbeschwerden hatten dann ein Stadium erreicht, das nach alsbaldiger Abhilfe drängte. Und so geschah es, dass ich mich in einem Anflug von spontaner Leidensfähigkeit dazu entschlossen habe, dem mir sehr geneigten HNO-Arzt Dr. Schilling die Gelegenheit zur standesgemäßen Entfernung meiner Mandeln zu verschaffen. Die Privatklinik im Grunewald machte von außen einen äußerst noblen Eindruck. Allerdings war schnell festzustellen, dass für Kassenpatienten meiner Kategorie nur ein Saal im Keller für zwanzig Personen vorgesehen war. Dort lieferten sich gemischt chirurgische Patienten ein lustiges Stelldichein.

Ein Postbote mit unangenehmen Hämorrhoiden, also Krampfadern am Anus, stand in dem dringenden Verdacht, die Briefe seiner Kunden auf dem Treppenabsatz gelesen und sich dadurch diese Erkrankung zugezogen zu haben. Aber Krampfadern gibt's nicht nur am Po, sondern auch an den Beinen. Davon waren auch einige Vertreter vorhanden. Jedenfalls habe ich die operative Prozedur meiner Mandelentfernung besser überstanden als erwartet und mich über Tage von Buttereis ernährt. Nach einer Woche hatte dann Dr. Schilling ein einsehen, die Verdienstmöglichkeiten waren erschöpft, und so habe ich dann die Klinik mit reichlich Eis im Bauch, aber ohne die kausal krankhaften Mandeln wieder verlassen können.

Der diesjährige Sommerurlaub war zwar wieder in Kroatien geplant, allerdings wollten wir uns die strapaziöse Anreise über tausend Kilometer mit dem eigenen Pkw ersparen, glaubten, mit einer Flugpauschalreise eine bessere Wahl zu treffen und haben bei Yugotours zwei Wochen Aufenthalt auf der Insel Kvar gebucht. Der scheinbare Vorteil lag in der Nähe zum Ostberliner Flughafen Schönefeld. Dem dortigen Bodenpersonal, also dem ausschließlich aus Angehörigen des Arbeiter- und Bauernstaates bestehend, war seit dem Bau des antifaschistischen Schutzwalls, wie das Konstrukt aus Stacheldraht, Beton und Selbstschussanlagen nach eigener Sprachregelung zynisch genannt wurde, jegliche Bereitschaft auf humanitäres Zusammenwirken abhandengekommen. Und so wurde selbst den als Touristen verkleideten Klassenfeinden keine Sondervergünstigungen entgegengebracht. Wir hatten also die schier endlosen Wartezeiten der Willkür, bewegungsarme, verschwitzte Menschenschlangen, in ihrer eigenen Ausdünstung gefangen, zu erdulden. Keine rechte Abwechselung in die stupiden Aktionen brachte auch das Ausprobieren des richtigen Angelzeugs sowie das Austesten der Belastbarkeit von Wasserbällen für die lieben Kleinen. Der Transitverkehr der Flugreisenden stand also dem des autofahrenden Transitreisenden in keiner Weise nach. Dennoch trat irgendwann ein Zustand ein, mit dem kaum jemand der Reisenden gerechnet hätte, das Ziel, nämlich der Flughafen der kroatischen Hafenstadt Split, wurde erreicht und somit eine brauchbare Alternative im seit Ende des letzten Weltkrieges andauernden Konfliktes zwischen Ost und West. Der nicht nur auf dem Balkan populäre Staatpräsident und ehemalige Widerstandskämpfer Josip Tito wollte sich aus der Abhängigkeit zu den Großmächten befreien und favorisierte die Vereinigung der blockfreien Staaten, zu denen Vorsitzenden er sich selbst machte. Der offensichtliche Vorzug dieser wirtschaftlichen Wandlung war nicht nur in der Verfügbarkeit von Coca-Cola zu sehen – die sozialistische Variante River-Cola galt ja als abgewandelter Hustensaft im Osten wie auch im Westen als verpönt und ungenießbar – auch die Öffnung der Touristikbranche brachte einige überraschende Erkenntnisse mit sich. So ließ sich nicht nur zwischen Rimini und Mallorca Strandurlaub nach bundesdeutschem Geschmack buchen, sondern auch einige mediterrane Ziele in Kroatien finden. Reiseveranstalter hatten keinen Mangel, geeignete Orte anzubieten. Und so kamen wir nach Vrboska auf der Insel Hvar mit einem umgebauten Fischkutter in ein ehemaliges Fischerdorf. Üblicherweise beginnt man seinen Urlaub am Tag nach der Ankunft mit einem ausgiebigen Erkundungsgang. Ziel dabei ist es, sich soweit mit der Umgebung vertraut zu machen, dass einem größere Orientierungspannen nach Möglichkeit erspart bleiben. In nächster Nähe zu unserer Unterkunft hat ein kleiner Leuchtturm Spuren hinterlassen, möglicherweise als Hinweis auf eine alte Piratensiedlung. Für die nächsten zwei Wochen blieb der Leuchtturm unser Ausgangspunkt für einige Badeaktivitäten und Spaziergänge nach Jelsa, einem malerischen Ort mit malerischer Kulisse. Der Kirchturm ragte aus seiner warmen Umgebung hervor, der dann auch bei nächster Gelegenheit erklommen wurde und einen großzügigen Einblick in die nähere Umgebung ermöglichte.

Am Fuß des Leuchtturms hatte sich inzwischen ein Krebs zwischen Ritzen und Spalten häuslich eingerichtet und schien darauf aus, die ganze Anlage unter seinen persönlichen Schutz zu stellen. Wer so um Beachtung ringt, hat einen Namen verdient. Wir nennen das Tier fortan Helmut und füttern ihn mit Weintrauben, was zur Konditionierung führt, aber keine weitreichenden Folgen hinterlassen hat.

Allabendlich machte sich so etwas wie ein Mangel an Unterhaltung bemerkbar. Zwei unserer Mitreisenden scheinen darunter ganz besonders zu leiden, so dass wir uns bereit erklärten, den Abend mit Mau-Mau-Spielen zu verkürzen. Viel Gehirnschmalz wurde dabei nicht verbraucht, allerdings einige Gläser Slibowitz geopfert, um das Ganze erträglich zu gestalten.

Nicht so weit von Hvar lag Dubrovnik, den älteren – vor allem den Altphilologen - vielleicht als Ragusa geläufig, obwohl die Umbenennung bereits im Mittelalter stattgefunden hat. Im Sommer ist es häufig unappetitlich warm. Das mussten wir auch einsehen, als der Besichtigung der Basilika Grenzen auferlegt wurden, die mit unbekleideten Frauenarmen nicht vereinbar waren. Im katholischen Dubrovnik galt es als verpönt, in den Augen der Eingeborenen halbnackt ein Gotteshaus zu betreten. Also, bitte schön. Anschließend das schattige Garten-Café aufzusuchen, war okay und sehr entspannend. Die Rückfahrt verlief störungsfrei, die Leitplanken wurden auf der kurvenreichen Strecke nicht beschädigt.

Rückgekehrt nach Berlin stellten sich merkwürdigerweise die Verhältnisse genauso dar, wie ich sie in Erinnerung hatte. Eine Selbstheilung ist ausgeblieben, wer hätte auch dafür sorgen können? So habe ich mich auf meine Tätigkeit beim Rias konzentriert, ja vielleicht auch mein Engagement übertrieben. Aber es hat Spaß gemacht und wurde auch angemessen, ja eigentlich gut bezahlt. Außerdem habe ich meine Arbeitszeit frei ausgesucht, ja konnte alsbald noch meine Tätigkeitsschwerpunkte selbst wählen. Wer mag da widerstehen? Einer Reihe von Vorteilen stand nur ein Nachteil gegenüber, der Aussicht auf eine dauerhafte berufliche Zukunft. Dass ich dies überhaupt nicht in Zweifel gezogen habe, deutet auf eine gewisse Blauäugigkeit hin, die sich in der Zukunft noch gehörig relativieren sollte oder wie Walter Kempowski an einer bestimmten Stelle seines Romans feststellt: „Es entwickelt sich alles historisch." Das allerdings geschah mit absoluter

Sicherheit. Bei dieser Konstellation war es wenig verwunderlich, dass mein Interesse an einem Studium mehr und mehr zu sinken begann wie eine bleierne Ente im Tiefflug, demgegenüber mein Engagement an einer Fortsetzung im Rias einem weiteren Höhepunkt entgegenstrebte. Die Hochschullehrer Muschalla, Krumhaar und Laux haben sich alle erdenkliche Mühe gegeben, in mir ein minimales Interesse an einer akademischen Ausbildung wach zu kitzeln. Aber vergebens. Ich befürchtete, mir war das alles zu abstrakt, eine Linie war nicht zu erkennen. Vielleicht habe ich auch nicht die richtigen Methoden eingesetzt.

Dem Wunsch, etwas Nützliches auszuüben, bin ich nachgekommen, indem ich mich in kleineren Renovierungen der Wohnräume geübt habe. Zum einen sollte der rot-weiße Streifenanzug des kleinen Schilderhäuschens an den Unterstand von preußischem Wachpersonal wie in Zuckmayers „Hauptmann von Köpenick" erinnern, dessen Verfilmung mit Heinz Rühmann seit der Premiere 1956 zu meinen erklärten Lieblingsfilmen zählt. Zum anderen habe ich dem Erhalt meines frühkindlichem Spieltriebs Einlass gewährt und mir einen zwar alten und extrem gebrauchten, dafür aber intakten Flipperautomaten angeschafft. Zusammen mit dem zuvor in meinem Besitz befindlichen Geldspielgerät, einem so genannten Groschengrab, nahm jetzt allmählich der hintere Teil der ohnehin kleinen Wohnung die Konturen einer Spielhalle ein.

In illusionärer Verkennung meiner tatsächlichen Fähigkeiten hätte ich mir um ein Haar selbst das Licht ausgeblasen, indem ich auf die überlebenswichtige Isolation einer Lampe Marke Eigenbau unwissentlich – nicht etwa in suizidaler Absicht -verzichtet und einen Kurzschluss ausgelöst habe, der mich quer durchs Zimmer katapultiert hat. Anschließend habe ich dann gewusst, wie schnell man auch ohne Hilfsmittel einige Meter in geschlossenen Räumen überwinden kann vor allem, wenn man die physikalischen Grundsätze der Elektrizität ignoriert. Na ja, das ist ja nochmal gut gegangen.

In der Zwischenzeit hatte sich die Einsicht durchgesetzt, dass man zwar die Bude mit Kohle warm machen kann, aber einige Nachteile bestehen dann doch, die durchaus ins Gewicht fallen. Und so haben wir beschlossen, für kleines Geld einen Gasofen anzuschaffen, der auf der Außenwand montiert ist, Wärme spendet und sauberer ist. In der Tat stellt Gas aus dem Rohrsystem eine ernsthafte Alternative zur Kohle dar und übt vermutlich auch deshalb in heutigen Zeiten seine Berechtigung aus als Energieträger, der keine sichtbaren Spuren hinterlässt wie Lenor im Hauptwaschgang.

Das Weltgeschehen steuerte derweil auf einen neuerlichen, äußerst zweifelhaften Höhepunkt zu: Die US-Amerikaner – in ihrem ungebrochenen Anspruch auf die einzig legitimierte Weltmacht mit unbegrenzter Exekutive – haben außer der Wasserstoffbombe keinen Versuch unterlassen, das kommunistische Nordvietnam in die Knie zu zwingen. Ein letztes trauriges Beispiel war das Entlaubungsmittel Agent Orange, das den Ho-Chi-Min-Pfad, also den Weg, den der Nachschub nehmen sollte, der natürlichen Deckung beraubte. Der Schaden, der sich unter anderem auch genetisch manifestiert, ist so schrecklich wie nachhaltig, immerhin wurde ein Viertel der vietnamesischen Vegetation dadurch beseitigt; ein rasches Ende des Krieges kam jedoch nicht zu Stande. Vermutlich hatte das US-Regime eine Niederlage auch nie ernsthaft in Erwägung gezogen, das militärische Engagement wurde jedoch in dem gleichen Maße verstärkt, wie der erwartete Erfolg auf einen überzeugenden Sieg ausblieb oder anders ausgedrückt: „Je weiter wir uns von unserem Ziel entfernen, umso mehr verstärken wir unsere Bemühungen.“ Oder wer beim Glücksspiel verliert, muss ständig den Einsatz erhöhen. Das ist inzwischen eine soziologische Binsenweisheit. Schade nur, dass es bei den politisch Mächtigen dieser Welt keine Wirkung hinterlässt. So bleibt nur die täglich steigende Bilanz von Toten und Verletzten, was bei der üblichen merkwürdigen Verformung von Wahrheiten jeder Art überhaupt keinen Sinn ergibt. Das einzig Gute, das diese Kriegshandlungen hervorgebracht haben, war eine grandiose Vielfalt in der Musik. Amerikanische und britische Bands entwickelten ein Genre, das bisher wenig oder gar keine Spuren hinterließ und ohne den Konflikt in Vietnam undenkbar war, den Soul. Initial ausgelöst von Gesangsgruppen wie den Supremes, den Four Tops, den Temptations, den Stylistics, den Spinners, den Three Degrees, den Fifth Dimension, Earth, Wind and Fire mit Stilrichtungen wie Brian Hollands Philly-Sound, der Detroit-Sound der Spinners. Holland, Dozier, Holland haben einen Sound kreiert, den Diana Ross und die Supremes jahrelang erfolgreich bei dem Label Motown umgesetzt haben.

Gleiches gilt für das Duo Norman Whitfield - Barrett Strong und die Temptations. Der Soul, die Musikrichtung der Schwarzen in einem Krieg der Weißen gegen die Gelben begleitete eine ganze Generation von eigentlichen Verlierern, die von Anfang an als solche feststanden, die unterprivilegierten Schwarzen. Als ob sie das Gegenteil unter Beweis stellen müssten, waren ihre Auftritte der Onkel-Tom-Erscheinung nachempfunden, die das „weiße Amerika" forderte und traten stets als Edelmitglieder einer überbelichteten Sekte in Erscheinung. Die Musik war nicht nur grandios, auch die Texte waren nicht so weichgespült wie zu Beginn der Sechziger, haben in meiner Wahrnehmung als fortgeschrittener Musikarchivator in Diensten des amerikafreundlichen Rias kräftige Spuren hinterlassen und den Weg zu einem kritischen Bewusstsein weiter Teile der Gesellschaft eröffnet.

Die mittlerweile arg strapazierte Sitzgarnitur wurde zumindest teilweise nicht nur zum Sitzen, sondern auch besonders nachts zum Liegen benutzt. Das änderte bedauerlicherweise nichts an der begrenzten Lebensdauer der Möbelstücke. Und so hat sich die Idee allmählich durchgesetzt, Sitzmöbel aus Schaumstoff in Würfelform selbst herzustellen und mit schwarzem Segeltuch zu bespannen. Das sah nicht nur edel aus, sondern war auch im Kostenrahmen akzeptabel. Ein weitaus größeres Projekt hatte seine unklaren Schatten vorausgeschickt. Und das geschah wie folgt: Eines Tages machte das Foto eines Ferienhauses in Finnland auf sich aufmerksam, das am „Schwarzen Brett" in der Nähe zum Fahrstuhl im Rias hing und den zahlreichen Mitarbeitern nicht entgehen konnte. In waldreicher Umgebung und an einem der sprichwörtlich tausend Seen gelegen, entwickelte ich allein vom Bild und der Textbeschreibung her eine Sehnsucht, diesen Ort möglichst bald und persönlich zu erreichen. Eine Reise in den hohen Norden hatte durchaus ihren eigenen Charme, wobei die Buchung des Ferienhauses die geringsten Probleme machte. Für die meisten Touristen war die Anreise der Knackpunkt.

Der Zielort Lieksa lag am Pielinensee im nördlichen Karelien und – falls es zu keinen irregulären Veränderungen der Eigentumsverhältnisse gekommen ist – liegt er auch heute noch da. Die Grenze zur Sowjetunion ist gerade einmal fünfzig Kilometer weit entfernt und wird gern von Wölfen, Bären und anderem sozialistischen Getier überschritten. Auf jeden Fall musste die Entfernung zwischen meiner Berliner Heimat und dem naturbelassenen Lieksa überwunden werden. Zu dieser Zeit stand üblicherweise das Flugzeug oder das Schiff zur Verfügung. Der Flieger war zu teuer und hätte außerdem eine dauerhafte Immobilität bedeutet, bei einem gewünschten Rückzug in die Ursprünglichkeit immerhin ein Argument. Auch die Fähre fast über die gesamte Ostsee war unannehmbar teuer jedenfalls in direktem Vergleich zu einer Dampferfahrt auf die Berliner Pfaueninsel. Im Übrigen war der Zielort Lieksa auf direktem Wege ohnehin nicht zu erreichen, Außerdem war nicht sicher, ob meine Begleitung eine längere Seereise unbeschadet überstehen würde. Es waren da aus der Vergangenheit resultierende Zweifel an ihrer Seetauglichkeit bekannt. Damit bekam der Plan einer Überlandreise immer mehr Kontur, formal aber immer mehr Bedeutung, da eine Landfahrt in die Sowjetunion bis vor kurzem nur in geschlossenen Gruppen möglich war. Die gesamte Planung und alle Genehmigungsverfahren mussten über das

DDR-Reisebüro für Osteuropatouristik laufen, deren einzige Filiale in der Wilmersdorfer Uhlandstraße lag, also wenigstens in der Nähe.

Dass kurze Zeit vorher meinem bisher untadeligen Arbeitgeber, dem Rias Berlin, eine rechtliche Unsauberkeit in meinem Arbeitsverhältnis aufgefallen war und die in meinen Augen angenehme Beschäftigung ein jähes Ende fand, war weder in meiner individuellen Lebensplanung noch in der unmittelbaren Urlaubsvorbereitung vorgesehen. Aber wie so häufig im Leben ist der ungünstigen Entwicklung auch irgendetwas und manchmal auch nicht auf Anhieb erkennbar Gutes abzugewinnen. Ein Umstand von weltpolitischer Bedeutung, der sich Jahre zuvor durch den Paradigmenwechsel der SPD-geführten Koalitionsregierung anbahnte und aus dem Mund vom damaligen Bundeskanzler Willy Brandt so klang: „Wandel durch Annäherung". Gemeint war damit eine stufenweise Normalisierung in den Beziehungen zwischen beiden deutschen Staaten, dem Westen einerseits, vertreten durch die Regierung Brandt, der „mehr Demokratie wagen wollte", was in Kürze zu einem fatalen Ausgang, nämlich seinem Rücktritt hat führen sollen, und den Warschauer-Pakt-Staaten andererseits, federführend mit der Sowjetunion, der aber auch einer Reihe von bilateralen Verträgen folgte. Also ohne diese Ostverträge hätte die Fahrt mit dem eigenen VW-Käfer durch Polen und die Sowjetunion bis in das ferne Finnland nicht stattgefunden. So aber legte der eigens diesem Zweck angefertigte Aufkleber auf dem Fahrzeug die beabsichtigte Route fest und sorgte damit für allgemeine Aufmerksamkeit, stellenweise für Bewunderung: BERLIN - WARSZAWA – MOCKBA – HELSINKI – STOCKHOLM - KOBENHAVN war von weiter Ferne und unmissverständlich zu lesen.

Am Tag der Abreise stellte ich dann überrascht fest, dass der kürzeste Weg nicht unbedingt der Beste ist. Insbesondere bestanden die Grenzorgane der DDR auf Einhaltung der eigenen Einreisebedingungen. Im Gegensatz zu den bekannten Transitstrecken in die BRD war die Autobahn Richtung Polen von gähnender Leere gekennzeichnet. Selten auftauchende Volkspolizisten glaubten, mit uns einen Falschfahrer entdeckt zu haben, dem man eine Strafgebühr aufbrummen konnte und waren dann sichtlich enttäuscht, als die Reisepapier keine Beanstandung erlaubten.

An der polnischen Grenze stellte sich das ein, was noch zweimal folgen sollte, nämlich das Überschreiten der Landesgrenze und somit die letzte Gelegenheit der jeweiligen Staatsmacht, ihre Befugnisse mit unangemessener Willkür auszuleben. Während es den Polen egal zu sein schien, wer in ihr Land kommt, haben die Grenzorgane der DDR peinlich darauf geachtet, keinem „Republikflüchtigen" die Ausreise aus dem Arbeiter- und Bauernstaat zu ermöglichen und sei es mit gefälschten Dokumenten. Das Netz der Überwachung war denkbar dicht, zufällige Ereignisse eher selten. Und so ist es schließlich gelungen, in Frankfurt/Oder die erste Grenze ganz legal zu überschreiten, nachdem über Jahrzehnte die Oder und deren Verlängerung, die Neiße, als Inbegriff der politischen Deutungshoheit galt, woran sich hüben wie drüben alle Geister scheiden sollten, die sich für unverzichtbar hielten. Kurze Zeit später kam mir in Erinnerung, dass hier in der ehemals preußischen Garnisonsstadt Posen meine Großmutter einen Großteil ihrer Kindheit und Jugend verbracht hat. Das waren wohl nicht die schlechtesten Zeiten in ihrem Leben, jedenfalls hat sie schwer begeistert darüber erzählt. Jetzt rund sechzig Jahre später bin ich dort durch den Ort gefahren, an dem meine Oma aufgewachsen ist, ein merkwürdiges Gefühl der Betroffenheit überkommt mich, selbst wenn nichts mehr an diese alten Zeiten erinnert.

Die erste Etappe der außergewöhnlichen Reise in die Vergangenheit endete in Warschau, allerdings wurde das gebuchte Quartier erst im zweiten Versuch erreicht. Der von den Organisatoren vorgesehene Übernachtungsort für Touristen aus den Reihen des Klassenfeindes war ein modernes Hotel westlicher Prägung im Zentrum des wieder erbauten Warschaus. Ein Großteil des alten Warschaus war ja bekanntlich bei den deutschen Luftangriffen zu Beginn des letzten Krieges eingeebnet worden. Jetzt wollten die Polen natürlich beweisen, was der Name „Warschauer Pakt" tatsächlich bedeutet und wozu der sozialistische Kampfgeist fähig ist.

Die Grenze zur befreundeten Sowjetunion war knappe hundert Kilometer entfernt, tatsächlich aber weiter, als die vehementen verbalen Beteuerungen auf allen Plakaten ausdrückten. Auch damals galt schon, dass je geringer der Inhalt einer Botschaft ist, umso mehr muss in der Form zum Ausdruck gebracht werden. An jeder Kreuzung grinsten uns Parolen an, die die deutsch-sowjetische, später dann die polnisch-sowjetische Freundschaft beschworen und zum elementaren Baustein von Frieden und Fortschritt erklärten. Die spätere Geschichte sollte dann noch einige Korrekturen anmelden, insbesondere was die inflationäre Häufung von sozialistischen Grußbotschaften betrifft.

Nachdem wir Warschau den Rücken gekehrt hatten beziehungsweise dem Auspuff des VW-Käfers mit fünfzehnhunderter Motor eine neue Richtung verliehen hatten, haben wir uns – der ursprünglichen Absicht folgend – weiter nach Osten orientiert.

In Brest-Litowsk hatten wir dann zunächst endgültig genug von den Auswirkungen des Sozialismus polnischer Prägung und haben uns voller Optimismus den Aussichten zugewandt, die die weißrussische Gesinnung, ein Abklatsch der vom Kreml vorgegebenen Marschroute versprochen hat.

Das nächste Etappenziel war Minsk, deren Hauptstadt. Mehr hatte Weißrussland weiß Gott auch nicht zu bieten. Dieses bevorzugt agrartechnisch genutzte Land offenbart seine Schönheit in der Fläche. Wer sich an dem Anblick von endlosen Weiten und üppigen Kornfeldern erfreuen kann, der ist hier nicht verkehrt.

Dem rustikalen Beispiel sozialistischer Enthaltsamkeit folgte nach der nächsten Etappe mit dem mittelalterlichen Smolensk der genaue Gegenentwurf. Hier schien die Zeit stillzustehen, gravierende Veränderungen wie sonst überall auf der Welt waren hier weder zu beobachten, ja sind hier womöglich gar nicht geschehen. Diesen Eindruck hat jedenfalls das Kloster vermittelt, das zum spirituellen Mittelpunkt der Gemeinde aufstieg und die gesamte Umgebung beherrschte. Als vermeintlicher Höhepunkt der Wallfahrt wurde aus marxistisch-leninistischer Perspektive ohne jeden Zweifel Moskau betrachtet, damals das Zentrum der sozialistischen Welt. Da der Rest der Welt auch ein gutes Stück von diesem sozialistischen Wohlwollen abhängig war – wer wollte schon auf Dauer in Unsicherheit leben – musste man sich im Sinne von Brandt und Bahr, dem Konstrukteur der Ostverträge wohl oder übel vertragen. Und hier in Moskau nahm dann kürzlich diese Verständigung Gestalt an und führte zum bekannten Vertragswerk, von dem nicht nur einzelne Menschen, sondern auch ganze Volksgruppen profitieren sollten unter anderem zwei junge Berliner auf dem Weg in einen Urlaub wie im Umgang mit Pralinen: Man weiß nicht so genau, was drin ist beziehungsweise was als nächstes passiert.

In der Moskauer Zeltstadt bestand das von der allgegenwärtigen Staatsmacht vorgesehene Quartier aus ein paar lieblos zusammengestellten Armeebetten. Die Moskitonetze sollten die in den umliegenden Sümpfen reichlich vorhandenen Stechmücken wohl am Genuss westlicher Delikatessen hindern, was auch geklappt hätte, wenn diese über die Betten gepasst hätten. Diese Netze waren aber deutlich kleiner und ließen den Blutsaugern reichlich Gelegenheit für ihre Luftlandemanöver.

Rafael, ein junger Russe aus dem Nachbarzelt, mit dem wir uns angefreundet hatten, der ganz scharf auf unsere Westklamotten war und dem wir dann ein paar Jeans geschenkt hatten, um ihn – vermutlich kurzfristig – zum glücklichsten Jungrussen der Sowjetunion zu ma-

chen, wusste zur Mückenabwehr keinen Rat. So sah Tine am nächsten Morgen aus, als hätte sie einen Boxkampf mit Muhammed Ali ungeschützt hinter sich, an Gesicht und frei zugängigen Gliedmaßen zerstochen und ramponiert. Ich hatte merkwürdigerweise keine Spuren davongetragen, was mich zu der Vermutung veranlasste, mein Blut wäre für Sauginsekten unverträglich, eine These, die nicht zu beweisen war, allerdings auch nicht das Gegenteil bestätigte.

Nach einem spartanischen Frühstück, also eher einem Moskowiter Frühstück, das im Kern aus erwärmtem Kaffee mit ein bisschen Gebäck bestand wie so oft in den vergangenen Tagen, zog es uns dann, der Marschroute des Veranstalters folgend, nach Norden Richtung Nowgorod. Mittlerweile kletterte das Thermometer auf stolze vierzig Grad in den Mittagsstunden und forderte von uns schon einen gewissen Sportsgeist. Der wurde uns dadurch abgerungen, dass ja Durst bekanntlich schlimmer als Heimweh ist. Unsere Flüssigkeitsreserven waren mittlerweile aufgebraucht. So habe ich mit dem mir eigenen Selbstverständnis entschieden, in dem nächst gelegenen Lebensmittelgeschäft nach etwas Trinkbaren Ausschau zu halten. Mangelnde Sprachkenntnisse haben nicht abgeschreckt, sollte doch der heftige Durst gelindert werden.

In einem Regal waren Reihen von Flaschen zu finden, deren Etikette apfelsaftähnlichen Inhalt versprachen. War die Überraschung oder die Enttäuschung wohl größer als feststand, Apfelschnaps gekauft zu haben, auf keinen Fall aber geeignet zum Durstlöschen. Also wurde die letzte mitgeführte Konservendose mit grünen Bohnen dilettantisch geöffnet, um sich des Bohnenwassers zu bedienen. Das war das letzte Mal, dass mir solche Pleite widerfahren ist. Andere sollten folgen.

Nowgorod überraschte mit einem zünftigen Gewitter, in dem der nachfolgende Sonnenschein die Luft angenehm frisch erschienen ließ. Ferner hatte der Veranstalter kleine Holzbaracken als Schlafplätze bereitgestellt. Na ja, Komfort war nun wirklich nicht angesagt, am nächsten Tag wollten wir Leningrad, den letzten Teil der einwöchigen Abenteuer-Autofahrt durch die Sowjetunion erreichen. Von dort war es dann nur noch ein Katzensprung bis ins befreundete Finnland, das Ziel der Reise. Springende Katzen konnten allerdings weder auf dieser, noch auf der anderen Seite des Eisernen Vorhangs gesichtet werden.

In Leningrad haben wir dann das größte und prachtvollste Hotel auf dem sozialistischen Erlebnistrip durch das ehemals zaristische Russland kennengelernt. Als ob sich die Herren im Kreml jetzt zum Ende nochmal voll ins Zeug legen wollten, um zu beweisen, wozu sie auch ohne Kalten Krieg fähig sind, wurde das schönste Zimmer hergerichtet, das feinste Menu serviert und sich ein Dutzend Mal unserer Zufriedenheit versichert. Dennoch war von nun an Schluss mit den Wohlbefindlichkeitsformeln. Nun wurden wir als das behandelt, womit man schon eher hätten rechnen können, ein Klassenfeind auf der Flucht. Nicht umsonst hatten Polizisten an größeren Straßenkreuzungen unsere Durchfahrt per Telefon gemeldet und möglicherweise auf Order zum Eingreifen gewartet, das allerdings auf der gesamten Strecke nicht ein einziges Mal eintrat.

Die am Bottnischen Meerbusen entlangführende Autostraße – übrigens für mich seit Tagen der einzige Busen, an dem ich mir zu schaffen machte - erweckte am frühen Morgen einen aufgeräumten Eindruck, vielleicht auch der spärlichen Menschenansammlung geschuldet, die sich eher in die Umgebung verlaufen hat als einem kontrollierten Treiben, etwa einem Wochenmarkt, zu verdanken. Die letzte menschliche Ortschaft mit mehr als zwanzig Einwohnern auf russischem Territorium, gestaltete sich allerdings auch nicht ganz unproblematisch. Den einzig vermeidbaren Fahrfehler, der mir auf der gesamten Strecke unterlief, habe ich mir in Wyborg geleistet, als ich die Abzweigung übersah und mich auf der wackeligen Holzbrücke wiederfand, die eher für ein Pferdefuhrwerk gedacht war als für einen Pkw, begleitet von den Rufen der einheimischen Passanten, die wohl schlimmes ahnten. Rechtzeitig habe ich dann aber noch den Irrweg bemerkt, die Wende eingeleitet und die Behelfskonstruktion gottlob nicht zum Einsturz gebracht.

Als sich die Grenze in ihren unnachahmlichen Konturen und in ihrer taigaähnlichen Umgebung abzeichnete und wir uns der bevorstehenden Kontrolle nicht mehr entziehen konnten, öffnete sich wie von Geisterhand ein langer Holzschuppen, aus dem ein halbes Dutzend, mit blauen Overalls bekleidete Monteure strömten, so flink wie die Windhunde im Dritten Reich und sicherlich ebenso wirkungsvoll. Der Auftrag schien so eindeutig wie simple. Alles, was nach Konterbande aussah, sich anhörte, roch oder schmeckte, ausfindig zu machen und zu beschlagnahmen. Zu diesem Zweck wurde mein Auto von allen beweglichen Teilen befreit, die keinen unmittelbaren Einfluss auf die Funktionalität hatten, also Innenverkleidung, Radkappen, Handschuhfach und sonstiges Accessoire wie Handgepäck. Dem Radio widerfuhr das Pech, dass an dieser Stelle der Grenze keinen Empfang bestand, also wurde die ordentliche Qualität des Transistorradios angezweifelt und unbekannte Schmuggelware vermutet. Das gleiche Schicksal traf ein kleines, schaumstoffgefüllltes Kissen in der Gestalt des Peanuts-Hundes Snoopy, für die diensthabenden Jungrussen wohl eine Rarität wie von einem anderen Stern. Beide Teile haben vermutlich das Ende ihrer Tage auf einem russischen Kaminsims erlebt. Beeindruckend war in jedem Fall das Tempo, mit dem die russischen Mechaniker ihren Auftrag erfüllt haben. Aus dem Tierreich ist das nur von Heuschrecken oder Termiten bekannt. Jetzt ist noch eine weitere Spezies hinzugekommen, der russische Automechaniker!

Nun war innerhalb weniger Augenblicke das Abenteuer der Autofahrt durch die Sowjetunion mit Erreichen des finnischen Staatsgebiets beendet. Im Nachhinein war es nicht so dramatisch wie man befürchten konnte, wollte man den propagandistischen Äußerungen von Westfernsehen und Springerpresse Glauben schenken, wie man auch mit einer überreifen Pampelmuse Tennis spielen mag oder sich gar gegen die ungewollte Schwangerschaft durch Außerirische einen Versicherungsschutz erwerben kann (kein Quatsch, die Versicherungspolice ist bei Lloyds London erhältlich!)

In der paradiesischen Einsamkeit unmittelbar am Pielinen grüßte das schlichte Haus seine vorübergehenden Mieter aus dem weit entfernten Deutschland mit reichlich Charme. Mit Gas wurde auch der Kühlschrank betrieben, fließendes Wasser war nicht nötig, es gab ja den See vor der Tür. Licht für die Beleuchtung der Abendstunden spendeten zwei aparte Wandleuchten, die aus Gründen des Petroleumgeruchs selten in Betrieb genommen wurden. Ein wenig gewöhnungsbedürftig, aber letztendlich praktikabel erwies sich das etwas abseits gelegene Häuschen für menschliche Rückstände. Wer aber den natürlichen Umständen so wenig wie möglich entgegenzusetzen gedenkt, wird sich mit derlei Gestaltung anfreunden müssen. So schlimm war das nun allemal nicht. Immerhin gestattete die im Haus vorhandene Sauna eine erlebnisreiche und regelmäßig genutzte Körperpflege der besonderen Art, vorheriges Holzhacken als unverzichtbarer Teil der Gesamtzeremonie inbegriffen. Insbesondere der anschließende Sprung in das feuchte Element des Pielinen war der Höhepunkt des Saunatages. Und so ergab sich quasi ohne großes menschliches Dazutun eine gewisse Regelmäßigkeit in dem täglichen Tagesablauf.

Den Kamin in Betrieb nehmen, eine Wurst grillen und sich dazu ein Bierchen genehmigen, rundete das Tagesgeschehen ab. Meine weibliche Begleitung, die zu den wenigen Nichtschwimmern in meiner Umgebung zählte, stand bedauerlicherweise oft am Ufer des Sees und schaute dem nassen Treiben sehnsuchtsvoll zu. Allerdings hat sie auch keine Anstalten unternommen, die Zeit zu nutzen, um das nachzuholen, was schon viele hinter sich hatten. Der nächste Nachbar war geschätzt genauso weit entfernt wie der nächste Laden mit frischem Brot und altem Bier, nämlich einige Kilometer waldeinwärts, da, wo sich sprichwörtlich die Füchse gute Nacht sagen, waren eher Wölfe und Bären anzutreffen. Die waren aber heilfroh, dem Menschen aus dem Weg zu gehen, so war jedenfalls zu vermuten.

Obwohl ich viel Sorgfalt auf meine Angelausrüstung gelegt haben, hat jedoch in der gesamten Zeit in Finnland kein einziger Fisch angebissen. Vielleicht habe ich einen strategischen Fehler gemacht, vielleicht hat den Fischen mein Köder nicht geschmeckt, aber vielleicht bin ich auch zu ungeduldig, vielleicht, vielleicht…

Eines Tages war vom See her ein Rufen zu vernehmen. „Thomas, Thomas“ rief jemand über das Wasser und meinte mich. Ich lief ans Ufer und glaubte, meinen Augen nicht zu trauen. Da kam in einem winzigen Paddelboot mein Vetter Wolfgang auf mich zu, seine Verlobte Cornelia im Gepäck. Es sah so aus, als ob die beiden auf direktem Wege von Berlin ohne Unterbrechung bis zum Pielinen gepaddelt wären. Wolfgang hatte mich in Lieksa gesucht und auf wunderliche Art und Weise auch gefunden. Großes Hallo und intensiver Austausch von geräuschvollen Urlaubserlebnissen. Am nächsten Tag haben sich unsere Wege wieder getrennt. Jeder wollte wohl für sich bleiben.

Als sich der Herbst mit gewaltigen Schritten näherte, war den größten Optimisten klar, dass die meiste Zeit des Urlaubs hinter uns lag. Vor uns lag hingegen die Rückreise, die einen anderen Verlauf nehmen sollte als auf dem Hinweg. Im Besonderen spielte das Wetter nicht mit. Es herrschte über ganz Skandinavien ein ausgedehntes Tiefdrucksystem, das seine Schauertätigkeit durchgängig zwischen Kemi und Saßnitz ausübte, gerade so, als ob jede Form von Regen später unter Strafe stehen. Von den zweieinhalbtausend Kilometern fand fast die gesamte Strecke hinter einem Regenvorhang statt. Das sollte sich erst ändern, als die Kreidefelsen von Rügen in Sicht waren und das Ende dieses extravaganten Urlaubs ankündigten.

# 3. KAPITEL:

## OLYMPISCHE SPIELE IN MÜNCHEN

Zum Ende des Sommers 1972 sollten die schon lange festgelegten und mit erheblichen Vorschusslorbeeren versehenen Olympischen Sommerspiele in München stattfinden. Diese begannen auch als die „heiteren“ Spiele, endeten aber in einem Desaster, das nicht nur die Sportwelt, sondern auch die gesamte Welt in eine noch nie da gewesene Verwirrung und Spaltung versetzte. Zunächst waren die Ereignisse streng auf den Sport beschränkt. Dabei kam naturgemäß die Rolle des Gastgeberlandes eine besondere Bedeutung zu. Und so haben die Meyfarths, Rosendahls und Dietrichs dieses Landes artig und erfolgreich die Erwartungen erfüllt, die eine ganze Nation gehegt hat. Mit dem sicheren Gespür für bühnenreife Dramatik hat eine Gruppe terrorbereiter Palästinenser die fokussierte Weltöffentlichkeit mit einem bis dahin beispiellosen Gewaltakt zur erhöhten Aufmerksamkeit ihrer eigenen Hoffnungslosigkeit getrieben.

Die deutschen Behörden waren vermutlich verärgert, dass ihnen Palästina die Freude an den Olympischen Spielen verdorben hat. Erst in zweiter Linie wurde man sich der eigenen Ohnmacht und des eigenen Dilettantismus bewusst, was auch keine Hochstimmung erzeugt hat. In jedem Fall wurde die vorgesehene „Heiterkeit“ von der nun folgenden deutschen Unfähigkeit übertroffen, über geeignete Mittel zur Krisenintervention zu verfügen. Ja, selbst wenn man den Gastgebern zugetraut hätte, einen terroristischen Gewaltakt zu verhindern, so war doch die Erwartung auf eine militärisch erfolgreiche Reaktion ungebrochen. Wie peinlich, angesichts der Erfahrungen von zwei Weltkriegen und Holocaust, dass selbst die angestrebte Befreiungsaktion der Geiseln auf dem Flugplatz Fürstenfeldbruck an mangelnder Logistik und personeller Kompetenz gescheitert ist. Der gesamte bundesdeutsche Staatsapparat hat sich Gewiss nicht mit Ruhm bekleckert, sondern war – wie in solchen Fällen üblich – streng bemüht, eigene Fehlleistungen abzuwehren, die Schuld von Systemversagen sich gegenseitig zuzuschieben und ansonsten andere zu beschuldigen, die sich aufgrund der geographischen Entfernung und der ideologischen Unterschiede nicht so gut verteidigen konnten oder wollten.

Natürlich hat es die gesamte westliche Welt vermieden, sich gegen das imperiale Israel zu positionieren, zu groß ist die Hypothek, die Nazideutschland hinterlassen hat und seither regelmäßig vom Judenstaat angemahnt wird. Empörung macht sich nur bei denen breit, die die unrechtmäßige Behandlung der Palästinenser verurteilen oder aus anderen Gründen der zionistischen Lesart des Nahostkonfliktes folgen. Dieser geht ja weit über die Zeit des Sykes-Picot-Vertrages hinaus. Großmächte haben es seit der Antike immer wieder verstanden, Verträge zu brechen, wenn sie ihnen keinen Nutzen mehr gebracht, aber penetrant auf deren Einhalten gepocht haben, wenn die eigene Existenz bedroht war. Immerhin war ja der heute noch strittige Gazastreifen zum Ende des ersten Weltkriegs das einzige Gebiet, das von Briten und Franzosen gemeinsam verwaltet und friedlich genutzt werden sollte. Dies alles hatte mit der zweifelhaften Gründung des Staates Israel im Mai 1948 zu tun, die von allen arabischen Staaten mit kriegerischer Intervention beantwortet wurde. Ob dieser UNO-Beschluss auch ohne Holocaust zustande gekommen wäre, darf getrost bezweifelt werden. Die US-amerikanische Dominanz sorgt seither für ein gleichbleibendes Übergewicht von Israel, weswegen der Konflikt auch weiter Bestand haben dürfte, zumindest sind keine Anzeichen für ein Nachlassen des amerikanischen Nahost-Engagements erkennbar. Auch das Attentat der Palästinenser vom „Schwarzen September" in München hat das Interesse der Weltöffentlichkeit bestenfalls temporär beeinflusst. Aber spätesten mit den Worten des IOC-Präsidenten Avery Brundage „The Games Must Go On" war klar, welche Bedeutung der Palästinafrage in der amerikanisch dominierten und vom Vietnamkrieg völlig dissoziierten Gesellschaft zugebilligt wurde. Seit jeher hatte sich das sozialistische Lager von der imperialen Israelpolitik distanziert, sah allerdings auch wenig Veranlassung, den Tod der israelischen Ringermannschaft zu bejubeln. Soweit reichte dann der sportliche Ehrgeiz im Kampf um Medaillen auch wieder nicht. Und auch im Westen war die Empörung über das brutale Vorgehen der Attentäter und deren amtlichen Vollstreckern schnell der Frage gewichen, welches Land wohl bei der inoffiziellen, aber dennoch wertvollen Nationenwertung die meisten Medaillen abgeräumt hatte. Wie immer wurde diese Frage auf dem Prüfstand der Gesellschaftssysteme beantwortet, im Großen zwischen der UdSSR und den USA, im Kleinen, gewissermaßen als Lupenansicht zwischen der DDR und der BRD. Mit deutlichem Vorsprung hatte bei dieser Betrachtung die Sowjetunion die Nase vorn, den USA wurde genauso oft der Sieg zugesprochen wie der DDR und BRD zusammen. Was das eigentlich soll, weiß am Ende niemand so richtig. Gemacht wird es aber trotzdem. Vermutlich, weil es leichter ist, bestehende Vorurteile zu bedienen, als sich mit unbequemen Aspekten auseinanderzusetzen.

Im Herbst hatten wir das drängende Bedürfnis, meine Verwandten in der DDR zum wiederholten Mal in diesem Jahr besuchen zu müssen und haben von der dafür geschaffenen Besuchsregelung Gebrauch gemacht. Immerhin lag unsere Autofahrt durch die Sowjetunion, das sozialistische Bruderland der DDR, erst einige Wochen zurück. Wir hatten also viel zu erzählen. So ganz ungetrübt sollte das allerdings auch wieder nicht verlaufen. Erste Risse machten sich leise bemerkbar. Vielleicht ist es aber auch zu viel verlangt, eine über Jahrzehnte währende, auf ideologischer Differenziertheit beruhender Unterschiedlichkeit zu ignorieren und genetische und zwischenmenschliche Gemeinsamkeiten zu strapazieren, die möglicherweise dem Zahn der Zeit zum Opfer gefallen sind, wie der Grand Canyon seine ursprüngliche Gestalt auch im Laufe von Jahrmillionen mehr und mehr eingebüßt hat. Vielleicht fehlt aber auch nur die Vorläufergeneration, die jeder Familie die notwendige Klammer verleiht, ohne die eine innige Struktur nicht auskommt und die als Klebstoff dient.

Die Diversität hat sich trotz oder gerade wegen der ideologischen Unterschiede allmählich noch verstärkt. Dann kam die sogenannte Wende, einer von der Macht des Kapitals zwangsweise vorgenommene Vereinigung zweier deutscher Staaten, die unterschiedlicher in ihrer politischen Gesinnung nicht hätten sein können. Doch wo sich diese Unterschiede offenbarten, konnten sich keine familiären Bindungen konstruieren lassen. Was man jetzt freiwillig hätte erledigen können, blieb auf geheimnisvolle Weise aus, ja wurde nicht einmal thematisiert. Na ja, wer nicht will, der hat schon, sagt man gelegentlich und meint damit eine langjährige Beziehung aus dem Freundes- oder Bekanntenkreis, die sich ohne Ankündigung sozusagen geräuschlos verabschiedet, zumeist ohne größere Folgeerscheinungen. Als ob eine Blume aufgehört hat zu blühen, so verschwindet die eine oder andere Zwischenmenschlichkeit nahezu unbemerkt im Orkus der Geschichte, wo noch vor kurzem ein reges Treiben stattfand.

Zurück zur historischen Betrachtung im Herbst 1972. Mein Cousin Peter, ein netter Kerl, nebst seiner Frau Gabi, die man folglich als nette Kerlin bezeichnen müsste, hat sich wahrlich überanstrengt, seinen sozialistischen Alltag so unauffällig darzustellen, wie er vermutlich nicht war, aber in seinen Augen gern so gewesen wäre. Und so haben sich die Dinge, die mit den Ostverträgen angestoßen wurden, auch wieder zurückentwickelt, bis der Status quo ante eingetreten ist, nur ohne politische Begleitmusik.

Aus welchem Grund wir eine größere Wohnung gesucht haben als die, in der wir uns jahrelang wohlgefühlt hatten, vermag ich nachträglich nicht mit Sicherheit zu erklären. Vermutlich hat aber der unerfüllte Wunsch nach einer Veränderung den Ausschlag gegeben. Eine üppige Renovierung inklusive des Einbaus einer Gas-Etagenheizung, die aus einer Ofenheizungsunterkunft eine den Umständen angemessene Dreizimmerwohnung zu machen vermochte, hat für Monate das Leben in der neuen Wohnung bestimmt. Eigentlich der blanke Wahnsinn, ein überproportionaler Wohnraum, eine nicht enden wollende Ausbildung, weder einen Plan für die eigene, noch für die gemeinsame Zukunft, aber treffliche Absichten zum Kompensieren mit handwerklichen Aktivitäten, die zwar über kurz oder lang zu einem Ergebnis führten, jedoch keinem Ziel dienten. So war es dann mehr als folgerichtig, dass nach dem Ende der ausgedehnten Renovierungsarbeiten sich auch die zwischenmenschliche Beziehung ihrem Ende näherte, ja im Grunde unausweichlich auseinanderging wie eine tektonische Erdplattenverschiebung.

Ich habe das Geschehen insoweit beschleunigt, als das ich Tine wegen einer Bagatelle eine Ohrfeige verpasst habe, wobei mich zu diesem Akt ein paar Promille unterstützt haben, ohne die ich diese Tat wohl niemals hätte leisten können. Tine jedenfalls hat sich anschließend und verständlicherweise aus dem Staub gemacht und ist erst nach einigen Monaten, dann unter neuen Bedingungen wieder in Erscheinung getreten. Mein Vater, der mich bis dahin finanziell unterstützt hat, stellte diese Zuwendungen sofort ein, als er vom Plan der Eheschließung erfuhr. An mir ist dieser Versuch meines Vaters abgeprallt, den Lauf der Dinge mit finanziellem Druck in die gewünschte Bahn zu lenken, ja sie haben meine Entscheidung noch im Nachhinein verstärkt. Vermutlich schwante ihm gröberes Unheil, was aufgrund der eigenen Biographie nicht ganz auszuschließen war.

Meine Mutter hingegen hat das Zerwürfnis zu meinem Vater mit einer gewissen Genugtuung verarbeitet, konnte sie doch vor der ganzen Welt nachweisen, wozu mein Vater fähig ist. Dabei ist hier natürlich nicht von Schuld und Sühne im Sinne von Dostojewski die Rede, sondern von gegensätzlichen Ansichten, wie es bei Menschen unterschiedlichen Alters und Herkunft gelegentlich vorkommt. Es kann einem jedenfalls zu denken geben, dass es mir auch Jahre später nicht möglich war, mit meinem Vater ein klärendes Gespräch über die Dinge zu führen, die uns Jahre zuvor bis an den Rand des endgültigen Bruchs getrieben haben.

Eine andere Folge des Konflikts mit meinem Vater war dessen heftiger, allerdings vorzugsweise auf die Abendstunden begrenzter Alkoholkonsum. Sonderbar, welche mysteriöse Kraft von mir Besitz ergriffen hat, meinem Vater diesbezüglich, dafür aber mit aller Entschlossenheit nachzueifern, ansonsten habe ich jede Ähnlichkeit in Abstammungsfragen strikt verneint, vermutlich hat die Indoktrinierung meiner Mutter dann aber doch eine gewisse Langzeitwirkung verursacht.

Auf der Suche nach einem geeigneten Gelderwerb bin ich dann über ein Inserat einer Weinkellerei gestolpert, die mich an frühere Tätigkeiten in dieser Branche erinnerte. Tine war inzwischen zu ihren Wurzeln zurückgekehrt und hat bei der Hansa-Musikproduktion eine ähnliche Tätigkeit ausgeübt wie früher im Rias. Ich habe mich jenseits aller Überlegungen des gesunden Menschenverstandes dazu hinreißen lassen, den Exklusiv-Vertrieb der Grafschafter Weinkellerei zu übernehmen. Dass ich der illusionären Verkennung gefolgt bin, Geld mit einem Hobby zu verdienen, von dem man bald wird leben können, ist einerseits meiner Blauäugigkeit geschuldet, andererseits hätte ich viele Dinge in meinem Leben schon aus Vorsicht unterlassen, wenn, ja wenn klar wäre, wo das Risiko liegt. Wer nicht wagt, der nicht gewinnt, heißt es dann. Allerdings kann man auch des Guten zu viel wagen. Wo ist also die Grenze zwischen zu viel und zu wenig? Welches ist das rechte Maß? Manche brauchen ein ganzes Leben, um eine Antwort zu finden und liegen dann doch daneben. In jedem Fall habe ich dann ab zwanzig Uhr dem Alkohol zugeprostet, zumeist in Form des leicht verdaulichen Biers. Eine Verköstigung vor zwanzig Uhr war mir aus bisher ungeklärtem Zusammenhang nicht möglich, es bestand weder Verlangen, noch Geschmack. Merkwürdig, merkwürdig, wie wir uns von näheren Umständen, die wir uns nicht erklären können, beeinflussen lassen oder glauben, dass dies oder ähnliches mit uns geschieht. Eigentlich ein Ding der Unmöglichkeit, dass mir trotz des regelmäßigen Konsums alkoholischer Getränke das Studium im Wesentlichen gelungen ist, zumindest sind keine gröberen Pannen aufgetreten. Erstaunlich, dass mit dem Erreichen der Assistentenstelle auch jedweder Wunsch nach Bier und Sekt, Schnaps und Wein dermaßen abhandengekommen ist, als ob ich niemals einen anderen Status verfolgt hätte. Die Wende kam, wie in der großen Politik quasi über Nacht und ganz von selbst, ohne Zwang oder sonstigen Maßnahmen, die auf ein besonderes Ereignis hätten schließen lassen. Meine Alkoholkarriere endete also genau so, wie sie gekommen war, geräuschlos, obwohl in der Chirurgie bereits am frühen Morgen eine andere Gewohnheit herrschte. Zumindest einer der beiden Chefärzte machte keinen Hehl aus seiner Neigung, sein Frühstück mit einer Flasche Warburger Pils zu veredeln. Und dies setzte sich dann über den ganzen Arbeitstag fort. Der Vorgang deutet auf eine chefärztliche Arroganz hin, für den zwar das Rauchen von Zigaretten unter Höchststrafe stand, das Biertrinken aber in seinen Augen zu einem entschuldbaren Kavaliersdelikt gehörte.

# 4. KAPITEL:

## MADAUS

Wer nicht vollends die Übersicht verlieren will, den sei daran erinnert, dass sich die Wege von Tine und mir nach vollendeter Renovierung getrennt haben. Da ich nun ohne Frau und mit schmalen Einkünften dastand, musste ich meinem Leben zunächst wenigstens einen ökonomischen Sinn verleihen, war aber immer noch immatrikulierter Student, also nach heutiger Lesart krankenversichert. Als Kraftfahrer hatte ich nicht die schlechtesten Erfahrungen gemacht, habe ich mich kurzerhand nach einer solchen Tätigkeit umgesehen und glaubte mit der Spedition Sauer im Wedding, eine solche gefunden zu haben. Das Wesen dieser Tätigkeit bestand darin, diverse Umschaltwerke der Berliner Elektrizitätsgesellschaft mit Mittagessen zu versorgen, eine Arbeit, die nicht allzu hohe geistige Anforderungen stellte. Die rund hundert Beschäftigten wollten aber täglich ihre warme Mahlzeit in Empfang nehmen. Und das geschah mit der Lieferung von Spezialfässern, die mit Schnitzel, Kasseler und ähnlichem ausgestattet und somit dem Kantinenstandard eines deutschen Mittagessens entsprochen haben. Wenn überhaupt, so kam dem Vertrieb, ähnlich wie beim Drogenhandel, also dem Vorgang von der Zubereitung bis zum Verzehr, die meiste Bedeutung zu.

Die gusseisernen Fässer hatten bereits ohne verwertbaren Inhalt ein respektables Eigengewicht, mit Fleisch, Kartoffeln und Gemüse gelegentlich sauschwer und nur mit großer Anstrengung zu bewältigen. Das hat aber Herrn Sauer, den Firmeninhaber, genauso wenig interessiert wie die eigentlichen Nutznießer, die BEWAG-Mitarbeiter, deren Hauptinteresse in einer appetitlichen Nahrungsaufnahme bestand. Gelegentlich war diese gestört, wenn die Behälter umgekippt sind oder der Verschlussmechanismus versagt hat. Dann sind auch schon mal die als Kompott deklarierten Erdbeeren über die Ladefläche des Opel-Blitz gekullert oder haben sonst unerwünschten Kontakt mit der Umgebung aufgenommen. So ganz der letzte Genuss einer nicht gerade hochdotierten Tätigkeit war das Engagement bei der Firma Sauer dann auch wieder nicht. Jedenfalls habe ich mich nach einer Alternative umgesehen und die auch bei der Firma Sandmann gefunden. Dort wurden keine Mahlzeiten ausgeliefert, sondern Medikamente, weder an Kantinen, noch an Kunden.

Die Aufgabe bestand darin, regelmäßig und zuverlässig bestimmte Apotheken in Berliner Stadtgebieten mit Arzneimitteln zu versorgen, die diese bei dem Hersteller zuvor bestellt hatten, also im Wesentlichen ein Tarifgeschäft, das aber zu bewältigen war, wenn man sich auf den Straßen Berlins auskennt und auch sonst nicht zu trödeln bereit ist. Insofern ist die Rechnung für den Fahrer ganz einfach: Wer schnell ist, hat schneller sein Geld verdient. Der Pauschalverdienst war nicht so knapp bemessen wie sonst bei Pauschalen üblich, das Fahrzeug ein kleinformatiger Fiat-500-Bus, für Zwerge gut geeignet. Aber auch größere Menschen hatten ihre Chance.

Horst Sandmann war ein jovialer Chef, mit dem ich gut zurechtkam, abgesehen von ein paar Kleinigkeiten in der Bewertung von Geschwindigkeitsübertretungen durch die Ordnungshüter, deren kleinliche Auslegung mir gelegentlich gegen den Strich ging. Die Apothekenrallye verlief täglich annähernd nach dem gleichen Muster, zunächst wurde anhand der bestellten Ware die Reihenfolge der Auslieferung festgelegt und dann abgearbeitet. Diese konnte unbedeutende Unregelmäßigkeiten gegenüber dem Vortag aufweisen, aber einen Bruch konnte man sich so leicht nicht heben, dazu waren die Tütchen mit Pillen und Tabletten, mit Tröpfchen und Zäpfchen nicht schwer genug, jedenfalls wesentlich leichter als die Futtertröge der Bewag-Kantine. Andere Vorteile lagen teilweise versteckt und haben sich erst nach einiger Zeit entpuppt wie beispielhaft die charmante Gegenwart einiger durchaus ansehnlicher Pillenverkäuferinnen in Diensten führender Apotheker, manche als approbierte, manche als PTAs unterwegs, den pharmazeutisch-technischen Angestellten. Dort haben sich mir dann auch vereinzelt kleinere Liebesabenteuer erschlossen, teilweise wurde auch richtig und ausgiebig geschuhschnabelt, wobei einem afrikanischen Vogel kein Unrecht widerfahren soll. Trotzdem haben sich die Lebenswege von Tine und mir wieder gekreuzt. Wir glaubten allerdings, der Renaissance unserer Beziehung durch Eheschließung eine neue Bedeutung beifügen zu können. Tief im Inneren habe ich dieser Prognose nicht viel Chancen eingeräumt und folgte der nicht sehr ehrenwerten Einstellung, meine damalige Lebenssituation nicht wesentlich hätte verbessern zu können.

Wie könnte sich eine nach außen neu formierte Beziehung besser stabilisieren lassen als dadurch, dass man einen Welpen – quasi als Kindersatz – in das Zentrum seines Seins befördert und damit auf zweifelhafte Art und Weise den Eindruck einer intakten Familie beziehungsweise eines harmonischen Rudels schafft. Dummerweise sind diese Zusammenhänge nicht offensichtlich, ja selbst wenn man mir diese genannt hätte, ich hätte alles mit größter Überzeugungskraft verneint. Überhaupt scheinen Hunde von Stund' an in meinem Leben eine große Rolle zu spielen, warum auch immer.

Bis zu diesem Zeitpunkt bin ich ohne Tiere im allgemeinen und Hunde im speziellen zurechtgekommen. Was also ist wohl passiert, wodurch ist eine Wende eingetreten? Der Verdacht besteht, dass ich mich wohl von den Vorzügen eines Hundebesitzes habe leiten lassen, die damit automatisch verbundenen Pflichten - so gut es ging – vermeiden wollte, zumindest aber deutlich verringern wollte. Aus diesem Grunde wäre es mir nie in den Sinn gekommen, mein Singledasein mit einem Hund als Haustier zu bereichern. Mit Tine, der guten Frau an meiner Seite, sah das alles ganz anders aus. Eine zusätzliche Verantwortung konnte geteilt werden und wog deshalb nicht ganz so schwer, so der inoffizielle Plan. Dass dieser Plan keinen dauerhaften Bestand hatte, war bei vorausschauender Betrachtung wahrscheinlicher als ein Sturm bei Windstille, aber wer kann alle möglichen Eventualitäten schon ahnen? So geschah etwas, was eigentlich nicht ganz unwahrscheinlich war: Es nistete sich der Gedanke ein, dass ein zweiter Hund für die Abwechselung sorgen könnte, die der erste Hund vermissen könnte. Ob das wirklich so war, werden wir nie ergründen. Allein, dass wir von unseren Vermutungen oder Wünschen getragen werden, ist schon eine Absurdität schlechthin. So wundern wir uns gelegentlich darüber, dass unsere Hoffnungen scheitern, die wir in uns selbst geweckt haben. So geschehen mit dem Hundewelpen Olga, die ich statt Vogelfutter aus einer Tierhandlung erworben habe, weil er mir so niedlich begegnet ist und ich Bismarck, meinem ersten Hund, die ersehnte Begleitung zur Seite stellen konnte. Ich habe das als Liebe auf den ersten Blick gedeutet und mit ihr gemeinsam ihre nächsten vierzehn Lebensjahre verbracht, bis sie friedlich eingeschlafen ist.

Aber zurück zu den Anfängen. Als Babyhund machte Olga keine Mühe. Alles entwickelte sich nach Plan bis zur ersten Läufigkeit. Da zeigte sich mit der Macht des brutalen Schicksals, wohin eine naive Grundhaltung führen kann. Nie war mir der Gedanke gekommen, dass der Sinn des Daseins in der Erhaltung der Art besteht. Und was seit Darwin für alle Lebewesen gilt, muss doch auch für Hunde gelten. Diese haben mich mit ihrer Entschlossenheit überrascht, der Welt eigenen Nachwuchs zu hinterlassen. Aber daran war nicht zu denken. Eine professionelle Hundezucht war weder geplant, noch verfügten wir über das erforderliche Fachwissen. Jetzt erst – quasi im Nachgang - traten die Überlegungen in den Vordergrund, die eigentlich schon vorher vonnöten waren. Die Tiere ließen sich von ihrem natürlichen Drang, sich zu vermehren, nicht abhalten. Eine Problemlösung artet zumeist in einen faulen Kompromiss aus, wenn sie unter Zeitdruck erfolgt. Und hier war völlig unklar, ob eine Befruchtung stattgefunden hat oder nicht. Beide Hunde hinterließen den gleichen erschöpften Eindruck wie ein Zehnkämpfer nach abschließendem Fünfzehnhundert-Meter-Lauf. Die angestrebte Sicherheit konnte nur mit einer Zwangskastration nach nationalsozialistischem Vorbild erreicht werden, meine erste schlimme Fehlentscheidung zulasten von Hunden. Es sollte nicht die letzte bleiben. Trotzdem hat Olga alles gut überstanden; ich habe es allerdings auch vermieden, sie nach ihrer Meinung zu fragen.

Nachdem ich meiner Ausbildung eine neue Richtung verliehen hatte, nämlich die medizinische, sollte sich auch das Leben für meine Hunde neu sortieren. Die passten nicht mehr so ganz ins Bild. Wohl dem, der eine Oma hat, die nicht nur auf Enkel, sondern auch auf Hunde aufpasst, jedenfalls für ein paar Stunden am Vormittag. Omas Dackel hat das Treiben toleriert, das seither im Hause herrschte, denn wo ein Mensch satt wird, ist auch für zwei gesorgt. Gleiches gilt für Hunde, so lautete das Credo meiner Oma, die mit ihren gestandenen achtzig Lebensjahren nicht mehr die jüngste war, aber auch nicht in Alterspassivität verfallen.

Das Jahr der Fußballweltmeisterschaft im eigenen Land warf seine Schatten voraus, zur gleichen Zeit überkam mich dann der Wunsch, mit dem Rest meines Lebens. irgendetwas sinnvolles anzufangen. Also habe ich mich bei Professor Krumhaar, dem Leiter aus dem Fachbereich der Dokumentationswissenschaft, der mir sehr wohlgesonnen war und zu dem ich ein von gegenseitigem Respekt geprägtes Verhältnis unterhielt, nach einer beruflichen Alternative gefragt. Und wie es der Zufall so will oder wer dafür auch immer bereit ist, Verantwortung zu übernehmen, hatte der gute Krumhaar auch tatsächlich Kenntnis von einer Stelle im Archiv des Bonner Bundeskanzleramts und hat mir diese vermittelt. Nach der Besichtigungstour im fernen Bonn machte sich doch eine geradezu typisch germanische Zuversicht breit; denn für mich bestand kein Zweifel an der Erfolgsaussicht des Projektes Bundeskanzleramts. Was allerdings auch niemand vorherzusagen wagte, war, dass die DDR dem damaligen Bundeskanzler Willy Brandt einen hochrangigen Spion namens Günter Guillaume ins Nest gelegt hat, der zu dessen vorzeitiger Demission geführt hat. So wurde insbesondere nach der fußballerischen Niederlage des selbsternannten Favoriten BRD gegen die DDR-Mannschaft auch der sportliche Niedergang mit der Affäre Guillaume in Zusammenhang gebracht.

Wie dem auch sei, so eine Panne sollte sich nicht wiederholen, daher wurden alle Personalpläne storniert, und somit hatte sich für mich das Projekt Bundeskanzleramt auf unbestimmte Zeit erledigt. Aus dieser Zeit rührt auch die humorvolle, aber nicht sehr freundliche Anrede für einen hinterlistigen Verräter her: „Du Guillaume!", was aber selten genug in der Realität genutzt wurde.

# 5. KAPITEL:

## MEDIZIN

Damals wie auch später noch ein guter Freund war Uli Böttcher, der Vertreter der klassischen Disziplin von Taxifahren und Medizinstudieren, der gerade seine Zwischenprüfung zu absolvieren gedachte und mich mit der Leichtigkeit zu beeindrucken glaubte, mit der dieses Studium zu bestreiten wäre. Der verkürzte Dialog der Biologieprüfung klang so: „So, Herr Böttcher, dann erzählen Sie mal was über Pilze." Antwort: „Tja, es gibt große und kleine". Prüfer: „Ja, und dicke und dünne, nicht wahr?" Mit dieser Anekdote gelang es Uli, meine Neugier für Medizin zu wecken, ich glaubte allerdings nicht, den Numerus clausus austricksen zu können. Niemand war jedoch so überrascht wie ich selbst, als mir wegen der rechnerischen Wartezeit nicht nur ein Studienplatz zugebilligt wurde, sondern auch noch am Ort der ersten Wahl, nämlich der Freien Universität Berlin, die witzigerweise im selben Jahr gegründet wurde wie ich selbst, nämlich im Blockadejahr 1948. Ich habe die damalige Entscheidung des Zulassungsbüros als einen deutlichen Wink des Schicksals betrachtet und all meine Kraft auf die Erfüllung dieses Ziels gesetzt. Dazu war die Entschlossenheit nötig, sich gegen bestehende Vorurteile zu behaupten und nicht zu früh die Anschnallpflicht aufzugeben. Angesichts der längeren Ausbildung, die auch bei sparsamer Kalkulation nicht unter der Regelstudienzeit von sechs Jahren zu bewältigen war, stellte sich schon die Frage nach einem regelmäßigen Nebenerwerb – ich war dann nach sechseinhalb Jahren fertig, inklusive Doktorarbeit. Da bisher ein größerer Lottogewinn ausgeblieben ist, auch hat sich keine unerwartete Erbschaft eingestellt, blieb nur das unsichere Verfahren der Eigeninitiative, elterliche Ergänzungen sei nicht verschwiegen. Meine Kommilitonen – also eigentlich meine Mitstreiter, obwohl der Ausdruck missverständlich ist, da hier keine militärische Absicht besteht – haben sich einen Job als Nachtwache bei diversen Kliniken besorgt. Das habe ich dann auch so gehandhabt mit dem kleinen Unterschied, dass ich den Reizen des weiblichen Personals nicht ständig widerstehen konnte. Und so habe ich mich wenige Monate nach Beginn des Medizinstudiums umorientiert bezüglich des - wie man es so schön - Lebensabschnittspartners nennt. Bis dahin hatte ich es mit der ehelichen Treue auch so genau wieder nicht genommen, habe allerdings auch keine Gelegenheit verstreichen lassen, wenn sie sich dann bot.

Inzwischen nahmen die Fächer der Vorklinik wie erwartet Fahrt auf. Während sich in Chemie und Physik meine Defizite aus der Schulzeit gnadenlos offenbarten, hatte ich die unverhoffte Chance auf faktische Gleichbehandlung in den Fächern Anatomie und Histologie. Denn wo eine reelle Kenntnis nur sporadisch vorliegt, müssen die erforderlichen Fakten im Grunde von allen gleichermaßen erworben werden. So haben sich die ersten Gruppen gebildet wie in Dumas Musketieren: „Einer für alle, alle für einen" und waren für die nächsten Jahre auch recht stabil.

In der Anatomie haben sich dann auch deutliche Unterschiede bemerkbar gemacht je nach Hochschullehrer und dessen Fähigkeit, studentische Neigungen wachzurütteln. Die Professoren Willnow, Töpfer und Schwarz haben die Frischlinge unter sich aufgeteilt, wobei Töpfer die feine, die beiden anderen die grobe Sektion übernommen haben. Eine mündliche Prüfung sollte dann auch noch überwunden werden, was kein großer Akt war. Im Grunde musste man nur wissen, wo bei einem Mikroskop vorn und hinten, oben und unten ist. Der Rest war dann wie bei einem Kindergeburtstag. Da konnte nicht mehr viel schief gehen. Der Makroskopierkurs wurde aufgrund der Verderblichkeit der „Ware" menschlicher Leichnam, also der Verstorbenen aus staatlichen Haftanstalten, nicht etwa einmal wöchentlich, sondern als Ferienkurs im Blockunterricht durchgeführt. Nur dumm, dass es im Sommer normalerweise recht warm ist und eine anständige Raumkühlung nicht vorgesehen war. Das biologische Resultat der dilettantischen Konservierungsversuche bestand in einer übelriechenden, schmierig-grünlichen Hautoberfläche der zur Präparation bestimmten Leichen und der damit ausgelösten, vorzeitigen Demission von Professor Wüstenfeld, dessen innovativer Konservierungsversuch grandios gescheitert ist.

Da der Kurs über die physiologische Mittagszeit andauerte, stellte sich bei einigen Studenten der Wunsch nach Nahrungsaufnahme ein. Ich habe dieses Gefühl regelmäßig erlebt und bin dem mit dem Verzehr eines Leberwurstbrötchens begegnet. In der einen Hand also ein Skalpell zum Trennen verschiedener Gewebeschichten, in der anderen Hand das mitgebrachte Leberwurstbrötchen, was mir schnell den Spitznamen „Brötchen“ einbrachte.

Das St. Josef-Krankenhaus in Tempelhof hat einem Branchenfrischling wie mir reichlich Gelegenheit verschafft, mangelnde Erfahrungen auszugleichen, selbst wenn es darin bestand, der menschlichen Körperwärme und dem Herzschlag eine bestimmte Systematik zuzuordnen. Und so habe ich nächtelang damit zugebracht, der Nachtschwester die gewünschten Patientendaten zu verschaffen, damit diese Zeit zum Waschen und Legen hatte. Zu dieser Zeit machte erstmals eine englische Popgruppe namens Queen auf sich aufmerksam, die fortan regelmäßig die internationalen Charts bedienen sollte. Der als Farrokh Bulsana geborenen Leadsänger gab sich den Künstlernamen Freddy Mercury und galt als einer der herausragenden Musiker der siebziger und achtziger Jahre: Die Ballade Bohemian Rhapsody, aber auch die gemeinsame Performance mit der Opernsängerin Monserrat Caballé haben für einen weltweit heute noch gültigen Kultstatus gesorgt. Als Freddy Mercury mit 45 Jahren an Aids verstarb, hat die Welt einen seiner genialsten Musiker neben Mozart verloren. Denn wen die Götter lieben, den rufen sie früh zu sich. Im Gegensatz dazu beschränkten sich meine Ambitionen auf rein irdische Vorgänge, es war nur darauf zu achten, den Heldenstatus nicht zu früh auszurufen.

Inzwischen forderte das Studium einen gewissen Fortgang in der Intensität der Bemühungen oder – anders gesagt – scheinpflichtige Kurse mussten erfolgreich absolviert werden. So war das so genannte Krankenpflegepraktikum eine Pflichtveranstaltung für alle Studenten, die eine medizinische Ausbildung anstrebten wohl in der Absicht, einen notwendigen Härtetest auszulösen. In erster Linie sollten billige Arbeitskräfte rekrutiert werden. Jede Krankenhausverwaltung war dankbar für den unerwarteten Segen. Ich machte ebenfalls davon Gebrauch, es blieb ja nichts anderes übrig. Und so wurde ich für die nächsten sechs Wochen als studentische Pflegehilfskraft im St. Gertraudenkrankenhaus engagiert. Aufgaben mit überschaubarer Eigenverantwortung galt es dann zu übernehmen wie Essen ausgeben und das Gegenteil, nämlich die menschlichen Rückstände einsammeln. Körperpflege und Bettenhygiene gehörte ebenso zu meinen Obliegenheiten wie das sinnvolle Verteilen von Arznei- und anderer Hilfsmittel. Endlose Missstände in der Personalpolitik von Bund und Ländern führten damals die Regierung zu einer einzigartigen Rekrutierung von koreanischen Hilfskräften. Diese verfügten zwar nicht über verwertbare Sprachkenntnisse, waren aber mit den Grundsätzen der Pflegemethoden vertraut, so glaubte man zumindest.

Yon-Sok, so ihr Name, hatte eines Tages die Aufgabe übernommen, die ganze Station in einen „nachtfertigen“ Zustand zu überführen. Dazu bediente sich Yon-Sok eines Plastikeimers und einer Klobürste und sammelte alle verfügbaren Zahnprothesen der gesamten Etage ein, um sie einer kollektiven Gesamtreinigung zu unterziehen. Numerisch ging die Rechnung allerdings nicht auf; denn es blieben am Ende zwei Prothesen übrig, die sich beim besten Willen in keinem Mund mehr unterbringen ließen. Wer also für den Rest seines Daseins auf eine Zahnprothese hat verzichten müssen, ließ sich nicht endgültig klären.

Das Ende des Krankenpflegepraktikums war dem Ende der fragwürdigen Ehebeziehung nicht unähnlich, zumindest war dem eine gewisse zeitliche Übereinstimmung nicht abzusprechen. So folgte einer letztendlich gescheiterten Beziehung – wenn man auf das Ende schaut – die nächste wie auf dem Fuße oder - um mit dem Erfinder des illustrierten Humors Wilhelm Busch zu sprechen – „Wehe, wehe, wehe, wenn ich auf das Ende sehe“. Um auf das definitive Langzeitergebnis aller kompletten Beziehungen mit dem anderen Geschlecht zu kommen, fehlt dann allerdings noch die dritte und vorläufig letzte Ehe beziehungsweise als logische Voraussetzung die zweite Scheidung.

Die intensive Beschreibung dieser Ehe findet dann erst - ähnlich der Nummerierung von Deutschen Reichen - im Verlauf des dritten Teils der vorliegenden Erinnerungsilias statt. Auch Odysseus hat mehrere Anläufe benötigt, bevor Homer ein überzeugender Abschluss seiner Geschichte geglückt ist. Eine bekannte Folge von Intimitäten ist der damit verbundene Austausch von Körperflüssigkeiten, was gelegentlich auch zu Nachwuchs führt. Ein seit Jahrtausenden bestehendes Mysterium besteht in der Wahl des richtigen Zeitpunkts. Es kommt halt auf die Perspektive an.

Während vielfach die Vermeidung einer Schwangerschaft als erklärtes Ziel betrachtet wird, kommt es auch vor, dass die Frage von Nachwuchs aktiv beantwortet wird. Mein Studienkollege Stefan Pütz hatte eine Nebentätigkeit als Laborkraft ausgeübt und sich als solche angeboten, einen Schwangerschaftstest durchzuführen. Dass ein solcher auch fälschlich positiv sein kann, also eine Schwangerschaft laborchemisch vorgetäuscht wird, wo keine besteht, war mir zu diesem Zeitpunkt nicht bekannt. Möglicherweise hat meine damalige Bettgenossin darauf hingearbeitet; ich habe das so hingenommen, wie es sich dargestellt hat, vielleicht auch nicht so ganz der rechte Weg. Mir erschien es gerechtfertigt, eine Legalisierung der Beziehung zumindest ins Auge zu fassen. Dass eine chemische Bestätigung der Umstände einigen Wochen später ausgeblieben ist, hat mich weder gewundert, noch überrascht. Mit der Gelassenheit eines testosterongesteuerten Schuhschnabels und auf dem Höhepunkt seiner männlichen Ausstrahlungskraft habe ich die weitere Entwicklung der Dinge schlicht und ergreifend abgewartet, nicht dass ich mir ein Kind gewünscht hätte, aber wenn es dann käme, hätte ich auch keine aktiven Gegenmaßnahmen ergriffen. Das sollte dann später und in völlig anderem Zusammenhang folgen.

Dem Fortgang meines Studiums folgend, habe ich dann die Blutgefäße meiner Freundin am Hals einer eingehenden Untersuchung unterzogen und bin dabei auf ein merkwürdiges Geräusch gestoßen, das sich nicht zuordnen ließ. Meine Kennnisse auf dem Sektor der Gefäßchirurgie erstreckten sich auf die eines Anfängers und haben einerseits große Neugier, andererseits auch ein kleines bisschen Sorge ausgelöst. Die Frage habe ich an den einzigen, mir bekannten Hochschullehrer weitergeleitet, bei dem ich Vorlesungen zu diesem Thema gehört hatte. Professor Häring, so dessen Name, hat das schwirrende Geräusch über der Halsschlagader bestätigt, eine operative Revision empfohlen – das macht man immer, wenn man glaubt, dass da etwas ist, was dort nicht hingehört, man aber nicht genau weiß, worum es sich handelt -, diese auch vorgenommen und nichts, ich wiederhole, zur allgemeinen, aber ganz besonders zur eigenen Überraschung nichts Krankhaftes gefunden. Somit war es das erste Mal in meinem Medizinerleben, dass selbst die hochrangigen Erwartungen eines renommierten Hochschullehrers einen anderen Ausgang nehmen können, ja bekanntlich sind Prognose schwierig, vor allem wenn sie die Zukunft betreffen.

Zurück zum Studium, in dem nach dem gelungenen Physikum, also der medizinischen Zwischenprüfung, ein weiterer Fortgang nicht länger zu vermeiden war. Zunächst aber reizten mich in dem Rest der Semesterferien zwei Wochen Allgäu an der Grenze zwischen einer einsamen Almhütte im Winter und den spärlichen Vorboten des kommenden Frühjahrs. Die spätwinterliche Umgebung der gebirgigen, schneebedeckten Alpenlandschaft mit dem Gipfel des

Hochgrat in seiner Mitte lockte doch die eine oder andere Abenteuerlust in mir hervor.

So wenig, wie der Schneebesen nicht der Beseitigung winterlichen Niederschlags dient, so besteht die Aufgabe des Zitronenfalters keineswegs darin, Zitronen zu falten, genau so wenig wie im Hundekuchen auch kein Hund drin ist. Mit steigenden Temperaturen musste auch damit gerechnet werden, auf dünnem Eis des Baches einzubrechen, der geradewegs hinter dem Haus entlangführte und deshalb Hausbach genannt wurde. Im Gegensatz zu Goethes Osterspaziergang waren diese Eisplatten nicht immer leicht zu erkennen und haben mir einmal nasse Füße bereitet. Ansonsten waren die Wanderungen in der verschneiten und wahrscheinlich deshalb eisverzapften Umgebung vom Hausbach bis in das Schweizer Arosa sehr anheimelnd, insbesondere hatten unsere beiden Hunde in der weitgehend unberührten Natur ihren endlosen Spaß. Der Abstieg vom Hochgrat war insoweit ein eigenes Abenteuer, gewissermaßen eine unfreiwillige Monsterschau, weil die Wegweiser in der verschneiten Landschaft nicht mehr zu entdecken waren und somit ihre Aufgabe, den Weg zu weisen, nicht wahrgenommen haben.

Dass wir dennoch unversehrt unten angekommen sind, ist wohl eher dem Spürsinn meiner Hunde als der eigenen Orientierungsfähigkeit zu zuschreiben, obwohl man muss sich eigentlich nur bergab bewegen, dann kommt man unweigerlich immer ins Tal. Urig ging es in der Tobelalpe allemal zu, und das war nicht nur auf das frische Quellwasser zurückzuführen, welches draußen in einen Trog plätscherte. Keine Elektrizität ist außerdem auch eine Form des Komforts so, als wäre das Plumpsklo der Gipfel der sanitären Extravaganz, nur weil sie schon in der Antike üblich war und meines Wissens äußerst selten auf diese Angewohnheit verzichtet wurde.

Jetzt scheint es an der Zeit zu sein, meine weibliche Begleitung aus ihrer Anonymität zu entlassen.

Maßgebend für den weiteren Lebensweg von Gabriele Hannappel war wohl der Umstand der unehelichen Geburt, die ihre Mutter nach mehreren gescheiterten Versuchen, andere Lösungen zu suchen, dazu führte, das kleine Mädchen in ein Kinderheim zu verfrachten. Damit war ein Großteil des späteren Lebenswegs vorgezeichnet. Wie in den frühen Sechzigern nicht unüblich, mussten die Zöglinge in den Kinderheimen selbst für ihren Unterhalt sorgen. Meistens war damit eine Beschäftigung auf talentfreier Ebene wie Hauswirtschaft, Küchendienst, Textilpflege oder anderen niederen Tätigkeiten gemeint, die von den Leitenden Nonnen der Kongregation nach strengen katholischen Grundsätzen spassfrei überwacht wurde. Mit hereinbrechender Pubertät wurde Gabrieles Mutter wieder an ihre mütterlichen Pflichten erinnert, zumal sich deren Familienstand als Folge einer Eheschließung mit dem Bauhilfsarbeiter Rolf Benoit geändert hat. Dem war allerdings nicht entgangen, dass sich aus dem ehemaligen Heimkind ein recht hübsches junges Mädchen entwickelt hat. Und so hat er – und mit ihm eine Reihe seiner Arbeitskollegen – die Grenze des sexuellen Übermuts häufig erreicht und oft auch überschritten. Natürlich war darüber mit Gabrieles Mutter ebenso wenig zu reden wie Abhilfe zu erwarten war. Also blieb nur die Flucht in das Vinzenz-Krankenhaus.

Die weiblichen Reize hatten angesichts der praktischen Erfahrungen allerdings eine neue Dimension erreicht, was auch der neu entdeckte Lebens- und Liebespartner, der Grieche Jorgo, zu schätzen wusste. Dieser trug sich mit dem Gedanken, sich eine größere ökonomische Durchschlagskraft zu verleihen, in dem er seinen Arbeitsplatz von dem beschaulichen Neuwied in das aufregende Berlin verlegte und Gabriele mitnahm. In Berlin ließe sich immer ein Weg finden, Geld zu verdienen, so lautete die Parole. Diese Annahme bestand nicht ganz zu Unrecht, wie sich noch zeigen wird. Wer die speziellen Dienste von Gabriele in Anspruch zu nehmen gedachte, der durfte auch dafür bezahlen und zwar in bar, Kredit wurde nicht gewährt, so das Credo. Die Freundschaft zu ihrer Mitstreiterin Bärbel hat die Gesamtsituation vermeintlich entschärft, die offensichtlich trotz ihrer zwei Kinder über ein ausreichendes Einkommen verfügte. Was vielleicht für ein Jahr oder auch deren zwei zu funktionieren schien, wurde von einer Krisensituation abgelöst, in die sich eine unbeherrschbare Leere einnistete. Diese Leere mündete dann, ohne dass es sich verhindern ließe, in den Versuch, einem unerfüllten Leben mittels einer Überdosis an Schlaftabletten ein Ende zu setzen. Führt ein Suizid nicht zu dem angestrebten Ergebnis, also dem letalen Ausgang, so landet der Suizident nach Abwenden eines lebensbedrohlichen Zustandes in der Psychiatrie. Man geht in der Rechtsprechung wohl von der Vermutung aus, dass jedem Menschen am Erhalt seines Lebens gelegen ist, das absichtliche Beenden also eine krankhafte Variante darstellt, die behandlungspflichtig ist. Mittlerweile wird das von namhaften Experten des Gesundheitswesens auch differenzierter gesehen, soll aber hier nicht weiter erörtert werden. Jedenfalls ist Gabriele auf diesem ungewöhnlichen Wege als Krankenschwesternhilfe im Sankt-Gertraudenkrankenhaus gelandet, konnte damit einer ansonsten unvermeidlichen psychischen Intervention aus dem Weg gehen und hat daher zu einem späteren Zeitpunkt meine Bekanntschaft gemacht, was vielleicht auf das gleiche herausläuft.

Während meines Krankenpflegepraktikums habe ich - eher zufällig - bevorzugt in der gleichen Schicht wie Gabriele gearbeitet, hatte daher also reichlich Gelegenheit, Freude und Spaß an der Versorgung von Senioren zu entwickeln und auch sonst nach Gemeinsamkeiten Ausschau zu halten. Was ist besser geeignet als Haustiere im Allgemeinen und Hunde im Speziellen? So war bald zu erfahren, dass Mimi eine ebenso hübsche und zierliche Dackelhündin war, wie auch leider mit einer neurotischen Neigung zum Urinieren ausgestattet, was kausal auf die ungünstigen Arbeitszeiten einer alleinstehenden Hundemama zurückzuführen sei und die langen Fehlzeiten, die die kleine Hundedame nicht so gut hat aushalten zu können. Dem gegenüber stand Rolf, ein prächtiger Schäferhundrüde mit einer bedingungslosen Hingabe für sein Frauchen, wie sie geradezu typisch für deutsche Schäferhunde sein soll. Beide haben sich so gut verstanden, wie ich es zuvor, aber auch später bei Hunden nicht mehr erlebt habe. Vielleicht gib es ja unter Tieren so etwas wie einen anerzogenen Familiensinn.

Als sich die Wege zwischen Tine und mir endgültig zu trennen schienen, wollte sich diese weiter um unsere Hunde kümmern, war dann aber nach einigen Wochen doch damit überfordert und kündigte an, sie ins Tierheim zu verfrachten, falls sie nicht entlastet würde. Dieser Druck kam offensichtlich als Akt der späten Vergeltung zustande und wäre ins Leere gelaufen, hätte sich Gabriele nicht von Rolf und Mimi zu Gunsten meiner Hunde getrennt, nicht ohne ein angemessenes Zuhause sicher zu stellen. Merkwürdigerweise beschleicht mich erst jetzt Jahrzehnte später so etwas wie ein ungutes Gefühl. Zweifel an der Richtigkeit des eigenen Handels sind vorhanden, so deutlich wie bisher noch nie in meinem Leben. So schlimm diese Erkenntnis auch sein mag, so endgültig ist sie auch und so ganz ohne Korrekturmöglichkeit.

Indes steuerte das Leben zwischen mir und den Hunden in meinem Leben einem weiteren traurigen Höhepunkt entgegen. Bismarck, mein erster Hund, ein etwas zu groß geratener Dackelmischling mit kräftigen Pfoten und durchgehend schwarzem Mantel versehen, machte seit Kurzem geräuschvoll auf eine Gehstörung aufmerksam. Das Nachziehen eines Hinterlaufes ließ den Rückschluss auf ein fortschreitendes Rückenmarksleiden zu. Der hinzugezogene Tierarzt machte wenig Hoffnung auf eine Heilung und hat Bismarck nach kurzem Leiden eingeschläfert. Bei einem noch so jungen Hund – er war noch keine drei Jahre alt – tut sich auch der Tierarzt schwer, hat aber mangels Alternative keine andere Lösung gesehen. Das war Nummer zwei in der Liste meiner unrühmlichen Begegnung mit meinen Hunden. Wer allerdings nun glaubt, dass sich Grundsätzliches geändert hätte, dem sei geantwortet: Warum sollte das geschehen? Der Verlustschmerz war so groß, dass dem nur mit der zeitnahen Anschaffung eines weiteren Hundes zu begegnen war. Und so trat der Welpe Luise aus dem Tierheim Lankwitz in mein Leben und wurde von Olga, ihrem neuen Rudelmitglied, teilnahmslos zur Kenntnis genommen, zumindest solange, wie sie keinen markanten Eigengeruch verströmte. Dann aber war das Spektakel gewaltig. Beide Hündinnen haben sich ineinander verkeilt und gebissen, bis das Blut spritzte, dummerweise auch meines bei dem Versuch, die Kampfhandlungen zu unterbrechen, ja möglichst zu beenden. Alle Versuche scheiterten, zogen sich aber über Wochen hin. Schließlich stand am Ende des Martyriums für Luise das gleiche Schicksal bevor wie allen Lebewesen, die nicht erwünscht sind oder deren Schutzbefohlene den Weg des geringsten Widerstandes einschlagen. Wenn Lebewesen im Spiel sind, ist der Rückwärtsgang unmöglich. Luise war gerade mal ein gutes Jahr alt, als ihr die Erlösung widerfahren ist, die sie sich von mir erhofft hatte, als ich sie aus dem Tierheim in meine Obhut übernahm, der Blick voller Hoffnung und Liebe auf eine Zukunft gerichtet, die sie mir anvertraut hat. Damals war ich freundschaftlich mit einem Ehepaar verbunden, die ich auf einer Uni-Veranstaltung kennenlernte, die sich gegen Tierversuche richtete. Der alkoholkranke Mann hat die Berliner Sektion der Anonymen Alkoholiker geleitet und stand auch sonst den Problemen dieser Welt sehr offen gegenüber, ohne dass es ihm vergönnt war, diese alle kausal zu beeinflussen. Die Position, die diese guten Menschen eingenommen haben, haben in mir die Hoffnung ausgelöst, dass sie sich mit Hundeproblemen auskennen würden. Immerhin hat Anneliese vehement die Interessen eines Vereins vertreten, der sich seinerseits gegen jede Form von Tierversuchen eingesetzt hat. Somit glaubte ich bei der Problematik mit Olga und Luise, jemanden konsultieren zu können, auf dessen Urteil ich mehr vertrauen als auf mein eigenes. Welch tragischer Irrtum.

Einzig der Tierarzt war die Empfehlung, von der man nachdrücklich einen Behandlungserfolg erwarten konnte. Aber nicht jeder guten Tat geht eine gute Absicht voraus. So gesehen, hat mir der tierärztliche Vortrag nur den Weg für eine Entscheidung geebnet, die ich dankend aufgegriffen habe, aber dennoch hätte ablehnen können, wenn ich es ernsthaft gewollt hätte. Der These des Tierarztes, Luise sei unheilbar an der Stuttgarter Hundeseuche erkrankt, bin ich zwar widerwillig gefolgt, aber letztlich doch gefolgt, vermutlich ohne ausreichend über Alternativen nachzudenken. Aber vielleicht folgt der Spruch zu Recht: „Hinterher ist man immer schlauer“. Ich habe es allerdings noch nie erlebt, dass die vergangene Erkenntnis irgendjemandem einschließlich mir selbst genützt hätte. Viel häufiger ist zu beobachten, dass sich eine Fehlentwicklung regelmäßig wiederholt, so als ob es überirdischen Kräften, nur nicht dem eigenen Versagen geschuldet wäre, wenn manchen Menschen einfach nur das Glück fehlt, anderen das Glück nicht nur hinterherläuft, sondern gelegentlich auch überholt, so dass der Betroffene am Ende selbst nicht mehr weiß, ob er vom Schicksal benachteiligt oder begünstigt ist.

Auch heute noch nach über vierzig Jahren überkommt mich das heulende Elend bei dem Gedanken, wie sehr ich mich an diesem Mitgeschöpf namens Luise versündigt habe. Das war nunmehr das dritte Mal, dass ich ein gescheitertes Hundeschicksal zu verantworten hatte.

Auch jetzt musste ein neues Hundeleben geopfert werden, um meinen Verlustschmerz zu lindern. Diesmal war es kein Tierheim oder Zoogeschäft, diesmal – so mein Plan – sollte es ein Hundezüchter aus Heiligensee sein, der ja andere, hoffentlich bessere Voraussetzungen liefern würde als ein städtisches Tierheim. Soweit in Ansätzen die Einleitung zum vorsätzlichen, aber dennoch existierenden Selbstbetrug. Der ausgesuchte Welpe war erst ein paar Wochen alt, sollte uns aber auf die schon vereinbarte Autoreise nach Griechenland begleiten. Eine Fehleinschätzung sondergleichen. Manchmal habe ich den Verdacht, meinen eigenen gesunden Menschenverstand immer dann abzuschalten, wenn meine eigene Bauchentscheidung bedroht ist. Ein Hund musste es zwar sein, die geplante Reise sollte er jedoch nicht verhindern dürfen. Eigentlich eine Schnapsidee, die mich zu der Frage führte, wenn der Hund ernsthaft erkrankt, ob Abbruch und Umkehr nicht die bessere Möglichkeit gewesen wäre. Die defätistische Option lautete: Wenn der Hund die Anreise als Härtetest nicht überlebt, sind seine Restchancen auch nicht übermäßig groß. So sind wir mit dem schwächelnden Babyhund im Gepäck bis nach Novi Sad vorgedrungen, haben uns dann der Wärme des Klimas und der Unterstützung eines heimischen Tierarztes versichert. Der Weg nach Griechenland war noch weit, das Überleben unseres Felltieres konnte keinesfalls als gesichert betrachtet werden, trotzdem hat es der kleine

Kerl geschafft und blühte förmlich am Golf von Malia zu neuem Leben auf. Leider nicht für längere Zeit. Denn auch dieser Hund wurde von seinem Hundeherrgott abberufen, als es gerade einmal zwei Jahre alt war. Dann raffte ihn eine progressive Querschnittslähmung des Spinalkanals dahin. Keine Chance auf Einflussnahme, man konnte förmlich dem rasanten Verlauf beiwohnen. In nur wenigen Tagen hatte das arme Tier seine Fähigkeit eingebüßt, normal zu trinken und sich kontrolliert zu entleeren. Bevor er also in seinem eigenen Kot umkommt, habe ich erneut einen Tierarzt gebeten, das Leiden zu beenden, was dieser auch anstandslos ausgeführt hat. Obwohl ich mir in diesem Fall keinen Vorwurf gemacht habe, bleibt doch ein bitterer Nachgeschmack, ob das alles so unvermeidbar, so schicksalhaft war, wie es den Anschein hatte.

Als sich dieser Hund, der in der Tat auf den Namen Tristan hörte, noch im Vollbesitz seiner geistigen und körperlichen Kräfte befand, ja noch kein Zweifel an einem erfüllten Hundeleben zu vermuten war, haben wir uns – man mag es kaum glauben – ein weiteres Hundebaby angeschafft. Gebahnt wurde diese Entscheidung von Freunden von uns, die mich bei meiner Doktorarbeit unterstützt haben, eigenen Nachwuchs angestrebt, aber nicht erfüllt haben und somit der Idee verfallen sind, sich statt eines Kindes einen Welpen anzuschaffen, gewissermaßen als vorläufige Ersatzhandlung. Tatsächlich ist bei den Walterchens – wie sie von uns genannt wurden - der kindliche dem tierischen Nachwuchs gefolgt. Zunächst wurde aus dem gleichen Wurf der Moabiter Hundespielwiese in unmittelbarer Nähe zum Schloss Bellevue ein Hundepärchen gewonnen, das zwischen den Walterchens und mir schiedlich aufgeteilt wurde und mich in der Wettesinger Anfangszeit und auch noch bis den Beginn des dritten Lebensabschnitts begleitet hat. So hat mich der kleine Antares verzaubert und unsere kleine Hundefamiie um ein weiteres Mitglied bereichert, Das schwarze Fell stand ihm ganz gut und war fast schon ein Markenzeichen. Der leichte Unterbiss verlieh ihm etwas von einem Piranha aus den Gewässern des Amazonas. Auch dieser Hund hat das Rentenalter nicht erreicht. Er hatte die Angewohnheit, sich eigenständig auf Streifzüge zu begeben und kehrte eines Tages von einem solchen nicht mehr zurück. Suchaktionen haben ergeben, dass der arme Antares einer bäuerlichen Schrotattacke zum Opfer gefallen ist. Des Öfteren – so war später zu erfahren – haben die lokalen Landwirte selbst reguliert, wenn der Verdacht auf einen Streuner bestand. Und so war zu erfahren, dass jeder Hund ohne menschliche Begleitung als Streuner behandelt wird. Auf diese widernatürliche Art wurde das Leben des Berliner Mischlingshundes Antares unwiederbringlich verkürzt.

Nach dem Wohnortwechsel nach Wettesingen hat sich bezüglich der endlosen Hundegeschichten noch eine weitere Episode ereignet, typischerweise ohne eigenes Dazutun, aber wer kann das schon mit Sicherheit sagen. Zu Ostern mögen viele Menschen den kommenden Frühling voller Ungeduld begrüßen wie im Osterspaziergang zu Goethes Faust. „Vom Eise befreit" war es auch anno 1982, kühl war es doch und auch windig und nieselig, also wenig frühlingshaft. Wir hatten uns vorgenommen, ein wenig die Gegend zu erkunden und zwar mit dem Auto. Auf einer wenig befahrenen Landstraße liefen zwei offensichtlich zusammengehörende Hunde auf dem Fahrbahnrand hintereinander her wie ferngesteuert und miteinander verknotet, weit und breit keine Menschenseele in Sicht, die in einen Zusammenhang hätten gebracht werden können. So musste also der neutrale Beobachter davon ausgehen, dass hier zwei herrenlose Hunde ohne definiertes Ziel unterwegs waren in ein Nirgendwo mit ungünstigen Bedingungen. Der Größe und dem Fell nach musste es sich um Münsterländer handeln, und zwar eine Hundemutter mit einem Welpen. Beide machten einen müden und nassen Eindruck, kein Wunder bei den erwähnten Witterungsbedingungen. Die geöffnete Autotür lud die Tiere ein, ohne Mühe in das Innere des Wagens zu krabbeln und auf das Rittergut zu transportieren, was zumindest für den Rüden sein künftiges Zuhause bedeuten sollte, der auf den Name Rollo hören, aber nicht gehorchen sollte. Lara, die Hundemama wurde in gute Hände abgegeben; was nie bestätigt wurde. Rollo derweil stand ein reguläres

Hundeleben als Repräsentant derer von Wrisberg auf dem Rittergut Wettesingen bevor. Ich hatte in den folgenden zwei Jahren Gelegenheit bis zur Geburt von Maja, unserem ersten Kind, Rollos weitere Entwicklung zu beobachten. Gelegentliche Raufereien zwischen Rollo und Antares gehörten vom Alltag jugendlicher Rüden. Wie früher bereits zum Standardverfahren erkoren, habe ich auch diesmal nicht die Kausalität bei mir selbst gesucht - und hätte sie da ja auch sicherlich gefunden – sondern habe erfolgreich andere Ursachen ausfindig gemacht, die mich exkulpieren.

Aber zurück zum Studium, was noch nicht beendet war, obwohl es keiner sichtbare Verzögerungen bedurft hätte, die Regelstudienzeit war noch nicht abgelaufen. Die ersten Zeichen einer milden Märzsonne machten sich bemerkbar, als dann der Ernst des Lebens in Gestalt der ersten klinischen Fächer auf mich zurollte. Zumindest hat sich das Gefühl verstärkt, jetzt mit Medizin zu tun zu haben und nicht so sehr mit Absurditäten wie Atomphysik oder Kernspaltung.

Das Problem des Verfügungsmangels von Finanzmitteln blieb erhalten, wurde zwar nicht kleiner, verschwand allerdings auch nicht aus dem Alltag. Um dauerhafte Abhilfe zu schaffen, musste sich eine regelmäßige Tätigkeit gebären lassen, der einerseits den kontinuierlichen Fortgang des Studiums ermöglichte – denn einen weiteren Fehlschlag wollte und konnte ich mir nicht zumuten – andererseits mussten ausreichend Geldmittel erwirtschaftet werden, so dass das bisherige Leben so und nicht anders seine Fortsetzung finden konnte.

Nachtwachen standen den meisten Medizinstudenten ganz gut zu Gesicht, auch mir, bis, ja bis mich in den frühen Morgenstunden die Müdigkeit überwältigte, ja ich glaubte, der Attacke hilflos ausgeliefert zu sein. Die leitende Schwester im Tagdienst kannte allerdings kein Pardon und bewirkte meinen Wechsel zum Elisabeth-Krankenhaus nach Schöneberg, ein altes, baufälliges Gemäuer mit Patienten ähnlicher Struktur und Beschaffenheit. Die wirtschaftliche Lösung war demzufolge lediglich temporärer Natur. Derweil hat mich die Aussicht auf größeren Wohnraum beschlichen und nicht mehr verlassen. In der in Aussicht stehenden Ladenwohnung für Nachkriegsmöbel und andere nutzlose Dinge des Alltagslebens im Berliner Tiergartenviertel ließen sich locker zwei Zimmer untervermieten und dadurch finanziell erträglich nutzen. Insgesamt ließ sich in fünf Zimmern ein durchaus entspanntes Wohnen gestalten, ohne Gefahr zu laufen, in klaustrophobische Enge abzugleiten. Gleichwohl entwickelten sich einige Besonderheiten, die am ehesten der baulichen Gesamtsituation geschuldet waren: So schenkte, eigentlich verabreichte meine Oma zum Weihnachtsfest eine Sprühdose Raumspray mit den aufmunternden Worten: „Hier, Kinder, in letzter Zeit riecht ihr immer so muffig."

Der Ursache auf den Grund gehend, stellte sich alsbald ein unter dem Wohnzimmer befindlicher Kellerraum heraus, der gut zur Hälfte mit Müll, Schutt und anderen unbrauchbaren Elementen angereichert war und offensichtlich regelmäßig gefüllt, aber nie geleert wurde und nur dürftig mit Fußbodendielen abgedeckt war. Immerhin eröffnete sich ein verliesartiger Raum von der Größe einer ausgedehnten Einbauküche, den ich von Stund' an als meinen Werkzeugkeller nutzte und mit einer eigens gebauten Stiege betreten und verlassen konnte.

Gabrieles Mutter hatte spontan und urplötzlich das Bedürfnis, nach Jahren der Sprachlosigkeit einen verbalen Kontakt zu ihrer leiblichen Tochter wieder aufzunehmen. Und so stand sie eines Tages vor der Tür mit leidenschaftslosem Interesse und von den Worten unterstützt: „So, Gabi, das ist also dein Mann," und deutete auf mich.

Entgegen allen anderslautenden Vermutungen begann so der zweite Teil einer sonderbaren Mutter-Tochter-Beziehung, die von zahllosen Missverständnissen, aber auch von etlichen familiären Dissonanzen überschattet wurde. Über mehrere Jahre bestand ein gegenseitiger Nicht-Angriffspakt in Übereinstimmung mit der Ost-West-Beziehung. In dieser Zeit haben wir des Öfteren in deren kleiner Ferienwohnung im Westerwald Kurzurlaub gemacht, die Neigung des alkoholkranken Stiefvaters Rolf kennengelernt und nach möglichen

Gegenmaßnahmen Ausschau gehalten. Schlussendlich wurde viel geredet, aber wenig gehandelt.

Bei einem der nächsten Besuche in Hundsangen, dem letzten bekannten Wohnort von Gabrieles Mutter, überkam sie das massive Bedürfnis, etwas Sinnvolles, etwas Gutes für ihren Halbbruder Hans-Peter zu tun. Sehr abwegig war der Gedanke keineswegs; denn Hans-Peter hatte das Licht der Welt im Westerwald unter erschwerten Bedingungen erblickt. Die eigene Nabelschnur hatte eine Unterbrechung der Hirndurchblutung verursacht. Fachleute nennen den Vorgang gern zerebrale Hypoxie Diese führt je nach Dauer der bestehenden Sauerstoffunterversorgung zu einer dauerhaften Entwicklungsstörung. So auch hier. Der körperlich voll entwickelte Hans-Peter war mit seinen zweiundzwanzig Lebensjahren auf dem geistigen Stand eines zehnjährigen stehengeblieben. Bislang haben sich keine Hinweise ergeben, die die erfolgreichen Bemühungen einer wie auch immer gearteten Therapiemaßnahme rechtfertigen würde. In jedem Fall aber hatte sich Gabriele damit die uneingeschränkte Aufmerksamkeit ihrer Mutter gesichert, für die die zum Greifen nahe Lösung des Problemfalls Hans-Peter eine verführerische Dimension erlangte. Und so verblieb der unterbelichtete Halbbruder ohne Aussicht auf Besserung für die nächsten Wochen unter der Obhut seiner Schwester, die theoretisch eine lohnenswerte Aufgabe übernommen hat. Nach einigen Wochen hatte sich das Experiment mangels Kooperationswillens erledigt, und der Status quo ante war wieder hergestellt. Vermutlich hat ihm das Leben in der ländlichen Umgebung des Westerwalds besser gefallen als die großstädtische Hektik in Berlin. Wir haben daraus gelernt, dass auch das Einverständnis von geistig Behinderten für eine erfolgreiche Therapie unerlässlich ist. Auch hier hätte man den Protagonisten befragen können, ja müssen. Was bringt aber alle rechtliche Abwägung im Verhältnis zur Prognose? Niemand wird diese Frage zielführend beantworten können.

# 6. KAPITEL:

## GRIECHENLAND

Zur „Halbzeit“ des Studienganges hatte ich schon einige Erfolge vorzuweisen, auf die man hätte stolz sein können. Das war ich denn auch. Meine Famulatur bei Dr. Kadach hatte mir die Verbindung zu Prof. Hoffbauer ermöglicht, dem dann das Thema meiner Doktorarbeit zu verdanken war. So ist es dann auch geschehen; ich hatte meine Doktorarbeit eher beendet als das gesamte Studium. Aufgrund dieses unerwarteten Fortschritts beschloss ich, mit meiner zweiten Frau Gabriele eine vorerst letzte Urlaubsreise anzutreten. Ähnlich der Nummerierung von Weltkriegen hatte ich nicht erwartet, dass dem Ersten noch ein Zweiter folgen würde und ich analog für Frauen gleichermaßen vorgehen müsste. Vermutlich - so die primäre Überlegung – würde sich später keine Gelegenheit mehr finden. Dass ich damit recht behalten sollte, würde sich später noch bewahrheiten. Da uns damals an Freunden und Bekannten kein Mangel herrschte, haben wir uns durch den Balkan und Südeuropa gelebt und jede Gelegenheit zur Unterkunft genutzt.

Das Krankenhaus Moabit als nächstgelegene Krankenanstalt hatte einen gewissen Bedarf an studentischen Hilfskräften, bevorzugt einzusetzen auf der inneren Intensivstation. Obwohl mir diese Abteilung nicht besonders lag, also diese Beziehung wenig Neigung zu einem dauerhaften Engagement verströmte, sind doch einige Wochen ins Land gezogen und Gelder angehäuft worden, um diese dann in fernen Ländern auszugeben. Obwohl die Ufer der Spree einige hundert Meter entfernt verliefen, hat der Geruch von Wasser und Fisch dann doch wieder eine intensive Reiselust ausgelöst. Dusko und Biljana, unsere Freunde aus Serbien, waren schon seit längerem damit beschäftigt, in Novi Sad ein Haus in Eigenleistung zu erstellen und haben uns eingeladen, an dieser Zeremonie teilzunehmen. Gesagt, getan. Ich war schon immer ein Freund schneller Entschlüsse. Allerdings haben wir uns vorher mit einer gediegenen, wenn auch benutzten Campingausrüstung versorgt. Man weiß ja nicht so genau, welche Überraschungen der Balkan so bereithält.

Um das Risiko von Pannen und ähnlichem zu verringern, war verabredet, sich an dem Waffengeschäft im Zentrum von Passau zu treffen, um dann von dort die weitere Strecke nach Novi Sad im Convoy zu bewältigen. Es tauchte aber zur vereinbarten Zeit niemand auf, der auch nur im Entferntesten Ähnlichkeit mit unseren Freunden hatte. Nach einer schier endlos erscheinenden Wartezeit und eine ungewisse Übernachtung vor Augen haben wir uns dann zur Weiterfahrt und zur Einweihung unseres Campingzelts auf österreichischem Boden entschlossen. Wenn man von dem Regenschauer absieht, der in der Mitte der Nacht einsetzte und bis in den weiteren Verlauf des Tages erhalten blieb, war die erste Nacht im Zelt nicht sonderlich schlimm, hat also durchaus zur Wiederholung ermutigt. Am nächsten Vormittag, als die Fahrt durch die Alpen allmählich Fahrt aufnahm, war bei anhaltendem Nieselregen, wenig Sonntagsverkehr und im Abstand von einigen hundert Metern ein Fiat-Transit zu erkennen, der eine

gewisse Ähnlichkeit zum Fahrzeug unserer Berliner Freunde ausstrahlte. Und je mehr wir uns näherten, umso größer wurde die Gewissheit, Dusko und Biljana mit einem Maximum an Zufälligkeiten wieder gefunden zu haben. Und in der Tat, man glaubt es kaum, mit der Präzision eines Schweizer Uhrwerks, als ob nie etwas anderes geplant war, haben sich die Berliner Reisenden zwischen Linz und Graz getroffen und dann ihre Fahrt gemeinsam fortgesetzt. An einem kleinen Tümpel in der Nähe von Novi Sad haben wir dann für einige Tage pausiert, sehr zur Freude der Dorfjugend, die sich in Scharen eingefunden hat, um die scheinbar von einem anderen Stern stammenden außerirdischen Besucher zu bestaunen, jedenfalls kam es mir so vor. Das eigentliche Reiseziel war aber Griechenland, das Land von Homer und Zeus, dem Vater aller Dinge. Und dahin wollten wir nun gelangen und sei es nur, um die Welt der Sagen und Helden zu bestätigen. Als die Dunkelheit über den Balkan hereinbrach und sich eine Unterbrechung der Nacht nicht ankündigte, habe ich mich zur Durchfahrt auf dem vielbefahrenen Auto-Put, der Heimstrecke für viele türkische Gastarbeiter, entschlossen. Es wurde eine Rallye der Erdbeben; Sarajewo und Skopje haben in der Vergangenheit zweifelhafte Berühmtheit erlangt und ihre Bauwerke eine bestimmte Belastung nicht gut verkraftet. Trotzdem ist es gelungen, die zweieinhalb tausend Kilometer unfallfrei zurückzulegen und zum Ende einem atemberaubenden Naturereignis beizuwohnen: Die Dämmerung und der nahende Sonnenaufgang an den östlichen Gestaden des Ägäischen Meers haben einen nachhaltigen Eindruck von der Schönheit der Natur hinterlassen, der so schnell nicht zu übertreffen ist. Gegenüber der Insel Euböa dicht am Ufer des Golfs von Malia hatten wir unter einem mächtigen Olivenbaum für die nächsten zwei Wochen unser Zelt aufgeschlagen, uns an der raschen Genesung unseres Hundebabys Tristan ergötzt und uns täglich an den herunterfallenden Früchten erfreut, die zur allgemeinen Erbauung ein kleines Konzert anstimmte: Plimm, plum, plum war regelmäßig zu hören.

Ganz in der Nähe von Lamia haben die Spartaner vor mehr als zweitausend Jahren den weiteren Eroberungsfeldzug der Perser nach Griechenland verhindert und damit das begründet, was auch heute noch als Wiege des Abendlandes betrachtet wird; ob das nun hier, in Kreta oder weit früher in Troja seinen Ausgang genommen hat, kann nicht sicher gesagt werden. Angeblich ist die militärische Heldentat von Leonidas und seinem Häuflein von lediglich dreihundert Spartanern nur deshalb gelungen, weil der Thermopylen-Pass eine topographische Besonderheit aufwies: Je schmaler der Flaschenhals ist, umso weniger passt durch, lautet die schlichte Formel. Und der Thermopylen-Pass ist verdammt schmal, also ideal zu verteidigen. Damit konnte sich die zahlenmäßige Überlegenheit der Perser nicht auswirken. Mir war es jedenfalls wert, diesen Ort der Weltgeschichte persönlich in Augenschein zu nehmen, vor allem, weil mir immer noch der Schultext im Ohr klang: „Wanderer, kommst du nach Sparta, verkündige dorten, du habest sie liegen gesehen, wie das Gesetz es befahl." Wie gesagt, die Wiege des Abendlandes, was auch immer man darunter gegenwärtig verstehen mag.

Dieser Tage kam dann noch eine weitere animalische Besonderheit dazu in Form einer gehörigen Zahl von warmen Quellen, die die ganze Umgebung über die sommerlichen Temperaturen hinaus noch deutlich aufheizte, die die gesamte Örtlichkeit in ein Mückenparadies verwandelte. Besonderes Leid hatten meine Hunde zu ertragen, selbst deren Augen wurden von zahlreichen Mückenattacken nicht verschont.

Derweil hatte im fernen Deutschland der Krieg zwischen den Erfüllungsgehilfen des Staats und der selbsternannten, einzig rechtmäßigen Gegenströmung, der Rote-Armee-Fraktion, kurz RAF, einen weiteren Höhepunkt erreicht. Bereits vor unserem Urlaub in Griechenland hatte sich mit der Liquidierung von Buback und Ponto, also „systemrelevanten Vertretern des Establishments", eine Methode entwickelt, von der sich deren Initiatoren eine größere Wirksamkeit versprachen, als sie dann tatsächlich eingetreten ist. Letzter vielbeachteter Auftritt des später so genannten „Deutschen Herbsts" war die Entführung von Hanns-Martin Schleyer, dem ehemaligen SS-Unterscharführer, den der Staat hinter der Funktion des Arbeitgeberpräsidenten erfolglos verstecken wollte. Allerdings haben sich die RAF-Pläne trotz verstärkter Bemühungen nicht verwirklichen lassen, selbst nach Schleyers Exekution und nach der Entführung einer Lufthansamaschine kannte die Regierung unter Helmut Schmidt kein Pardon und hat die eigenen

Regeln ohne jeden Skrupel bis zum bitteren Ende weiterverfolgt. Am Ende ist der bereits inhaftierte Kern der RAF suizidal aus dem Leben geschieden. Merkwürdigerweise hat das im fernen Griechenland niemanden so richtig gekümmert. Dort wurde der begonnene Urlaub erwartungsgemäß – also mit dem gebotenen Anstand und mit dem letzten Einsatz von Reisezahlungsmitteln wie der beliebten D-Mark – zu Ende gebracht.

Nun wollten wir den Urlaub nicht auf die gleiche Weise beenden, wie wir ihn begonnen hatten und haben uns daher entschlossen, eine Abkürzung über das Mittelmeer zu wählen. Dazu war es allerdings geboten, von der Ostküste Griechenlands auf die Westküste zu wechseln, um von dort wiederum eine kostengünstige Überfahrt nach Italien zu buchen. Der Plan wurde ausgeführt, von Lamia aus quer durch Griechenland bis zum schönen Korfu, was schon zur Kaiserzeit als ein beliebter Urlaubsort galt und inzwischen nichts von seinem mediterranen Charme eingebüßt hatte.

Die Fahrt nach Brindisi fand bei schönstem Kaiserwetter unter besonders guten Bedingungen statt und war fahrplangerecht nach acht Stunden ohne größere Zwischenfälle überstanden. Selbst die Hunde haben im Fond des Autos überlebt und sind dabei nicht zu Schaden gekommen. Die Saison in Italien war allerdings Anfang Oktober schon beendet, eine Unterkunft war daher lokal nicht verfügbar, also haben wir uns mangels Schlafgelegenheit immer weiter Richtung Norden bewegt, und ehe wir es uns versahen, hatten wir Bologna und Verona erreicht. Wer also so weit gekommen ist, den schreckt auch die restliche Strecke nicht mehr entscheidend ab.

Somit haben wir den gesamten italienischen Stiefel in gefühlter Rekordzeit von zehn Stunden für die knappen zweitausend Kilometer bewältigt. Anschließend war der Renault R16 auch reif zum Verschrotten. Nur mit einem sich selbst verbrauchendem Gemisch aus Benzin und Motoröl war der Wagen überhaupt noch funktionsfähig. Da war der Gnadentod auf dem Schrottplatz noch die barmherzigste Lösung, gewissermaßen die Garrotte für Autos.

Das Studium der Medizin folgte einem gewissen Automatismus, vergleichbar einer Eisenbahnfahrt mit dem Orientexpress. Man hat sein Ziel erst dann erreicht, wenn der Zug endgültig hält, es sei denn, man steigt vorher freiwillig aus. Wer aber durchhält, erreicht auch mit ziemlicher Sicherheit die Endstation. Und so ist es mir auch ergangen, habe ich mich doch an die Regeln und die innere Logik des Studienganges gehalten.

An dieser Stelle hatte die Studienordnung die erstmalige Arzt-Patient-Berührung vorgesehen. Man nannte diesen Ausbildungsabschnitt Famulatur, ein anderes Wort für Lehre. Und als solche fühlte es sich auch an. Mit weißen Klamotten ausgestattet, einen Mercedes 250 vor der Tür war das schon nicht mehr weit von der angestrebten Wirklichkeit entfernt. In der gynäkologischen Praxis von Dr. Kadach konnte ich mir alsbald vorstellen, wie der medizinische Alltag eines Frauenarztes am Tauentzien, der exklusiven Kurfürstendamm-Region, verläuft. Der hat mich weit mehr machen lassen, als es meinem Stand entsprach, aber auch Zwerge haben ja bekanntlich klein angefangen. Regelmäßig hat mich Dr. Kadach in seiner Belegklinik als Assistenz beim Operieren eingesetzt, was mich nicht nur aufgewertet, sondern auch mit erheblicher Genugtuung erfüllt hat. Einen Großteil praktischer Erfahrungen habe ich allein dadurch gesammelt, dass ich Kenntnisse weit vor der Zeit erworben habe, für die sie gedacht waren. Die Krönung wurde erreicht, als der Praxisinhaber Skiurlaub machen wollte und mich beauftragte, ihn in seiner Praxis zu vertreten. Mit dem mir schon früher zu eigenem Selbstverständnis und mit der vertrauten Routine eines Schauspielers, der „Charlys Tante“ zum hundertens Mal en Suite spielt, habe ich die Aufgabe ohne größere Pleiten, Pech und Pannen überstanden und mich anschließend schon fast wie ein Fußballspieler gefühlt, dem beim Halbfinale der Champions Ligue ein unerwartetes Tor geglückt ist. Ich fand, mir stand der weiße Kittel nicht schlecht. Überrascht war ich dann aber doch, als ich mir eingestehen musste, dass die Regeln der Medizin ganz offensichtlich anderen Bedingungen folgten als den wissenschaftlichen. Diese laufen gelegentlich den wirtschaftlichen Interessen entgegen, so dass man sich entscheiden muss, welche Richtung man bevorzugt. So hat mir während der Praxisvertretung eine junge Frau die folgende ihrer Vorstellungen eröffnet: „Tja, also zunächst möchte ich im Sommer zum Tennisurlaub nach Spanien, im Herbst dann heiraten und anschließend schwanger werden, so dass die Entbindung pünktlich zu Weihnachten stattfinden, gewissermaßen ein Christkind." Einerseits war ich über die Präzision der eigenen Zukunftsgestaltung überrascht, andererseits auch sehr verstört, denn nicht alles, was technisch möglich ist, muss auch verwirklicht werden, so meine auch heute noch gültige Auffassung. Der Kaufmann im Inneren des Praxisinhabers hat dann aber dieses kurze Scheingefecht gewonnen, und der jungen Frau und künftigen Mutter wurden die Voraussetzungen zur Verwirklichung ihren eigenen Lebensplans in Form eines pharmakologisch wirksamen Östrogen-Gestagen-Gemisches ausgehändigt. Der Kunde ist also König, auch in der Medizin, wenn der Preis stimmt und der Kunde zahlungswillig ist.

Eigentlich sollte für die deutsche Öffentlichkeit eine Fußballweltmeisterschaft ein herausragendes Ereignis sein. Lediglich um die Höhe des ausgehandelten Ergebnisses wird noch gerungen. Etwas anderes ist bei den deutschen Fans weder vorgesehen, noch vermittelbar. Sollte sich eine derartige Entwicklung abzeichnen, so muss man von Verrat oder ähnlichen Missetaten ausgehen. Wenn allerdings eine ganze Nation vermeidet, die katastrophalen Verhältnisse im Gastgeberland wahrzunehmen; dann ist die offizielle Darstellung offensichtlich gezielt verfälscht worden, vermutlich um der öffentlichen Meinung keinen Anlass für Kritik am System der Militärjunta zu geben. Historisch gesehen, befinden wir uns in bester Tradition zur Nazideutung. Auch hier war die Interpretation wichtiger als die nackten Fakten. So geschehen bei der Fußball-Weltmeisterschaft in Argentinien. Das verfrühte Ausscheiden aus dem Wettbewerb – und ausgerechnet noch gegen den Fußballzwerg Österreich – war weder vorgesehen, noch entschuldbar. Auch die Berichterstattung fand unter peinlich genauer Vermeidung jedwedes politischen Nährbodens statt, ja als ginge darum, jede Kausalität im Keim zu ersticken.

Da die öffentliche Meinung so wechselhaft ist wie ein Sommergewitter in April, haben sich viele Grundsatzfragen von selbst erledigt, man braucht nur auf die nächste Sau zu warten, die durchs Dorf getrieben wird. Die Springerpresse in ihrem endlosen Ideenreichtum hat stets eine Reihe von Themen griffbereit, unter anderem die Never- Ending-Story der Baader-Meinhof-Gruppe, der dann zur Baader-Meinhof-Bande aufgestiegen ist, weil das eher dem damals aktuellen Sprachgebrauch entspricht.

In der Zwischenzeit hat meine Doktorarbeit Gestalt angenommen, indem der Professor seine eigenen Untersuchungsergebnisse, die er selbst im Rahmen der Schwangerschaftsvorsorge für Risikopatienten vorgenommen hatte, verwerten wollte, ein durchaus übliches Verfahren, was keinen Anstoß vermuten lässt. Also habe ich ungefähr dreihundert Ultraschallbefunde und weitere Behandlungsdaten statistisch ausgewertet, eine Fleißarbeit, der ich mich durch meine frühere Tätigkeit im Archiv des Rundfunks durchaus gewachsen fühlte. Und so ist es geschehen. Üppigen körperlichen und geistigen Beistand hat mir die im Nahkampf geübte, blutjunge Arzthelferin aus der Frauenarztpraxis geliefert, mit der ich die Dinge einstudiert habe, auf die es ankommt. Die Arbeit konnte allerdings erst nach bestandenem Staatexamen eingereicht werden, und nicht, dass zu früh der Heldenstatus ausgerufen worden wäre; denn vorher hat der liebe Gott oder ein mit gleichen Vollmachten ausgestattetes Wesen das „Praktische Jahr" gesetzt, das früher als Medizinalassistentenzeit firmierte und eine verklausulierte Arbeitskraftergänzung für Krankenhäuser bedeutet.

So wie sich die Beziehung anfänglich entwickelt hat, nämlich unter dem Aspekt froher Hoffnung, so trat dann eine schöpferische Pause ein bis, ja bis das Thema Schwangerschaft erneute Fahrt aufnahm, schwer unterstützt durch den begleitenden Hochschullehrer Prof. Hoffbauer, zu dessen Spezialgebiet es gehörte, Ursachen für dauerhafte Kinderlosigkeit zu ermitteln. Gabriele jedenfalls war wild entschlossen, ihre Unfähigkeit auf eigenen Nachwuchs zu beenden und hat eine Reihe von Versuchen unternommen, Abhilfe zu schaffen. Die Messung der morgendlichen Basaltemperatur war da noch eine harmlose. Meine fortgeschrittenen Kenntnisse in der Frauenheilkunde ermöglichten es andererseits, Theorien über die vermutete Ursache aufzustellen. Da bekam zunächst die seit frühester Jugend angewandte Hormontherapie in Form der Antibabypille eine gewisse Bedeutung, soll diese doch eine Verkümmerung der Eierstöcke auslösen, was von Fachleuten als Stein-Leventhal-Syndrom gedeutet wird sehr zu meiner Genugtuung, habe ich doch meinen Doktorvater Prof. Hoffbauer auf diese Spur gelockt. Dieser hat letztendlich eine operative Maßnahme selbst durchgeführt, damit aber bei meiner damaligen Herzdame keinen Eisprung ausgelöst. Bekanntlich ist das aber eine unverzichtbare Voraussetzung für jede Schwangerschaft. Der Nachdruck, mit der Gabriele ihre eigene Mutterschaft forciert hat, legt den Verdacht nahe, sich damit jeder existenziellen Notlage für die Zukunft entledigt zu haben. Immerhin hätte der Kindsvater - also ich – für ein erträgliches Maß an Alimenten zur Verfügung gestanden. Dass es dann doch anders gekommen ist, kann man als Fluch oder Segen betrachten, je nach dem, wen man für diese schicksalhafte Wende verantwortlich macht.

Als sich das Jahr - wie im Dezember üblich – seinem Ende näherte, begannen gefrorene Partikel vom Himmel zu fallen, auch als Schnee bekannt, eine Erscheinung, die zu dieser Jahreszeit und in diesen Breitengraden nicht ganz ungewöhnlich ist. Von daher hielt sich die Verwunderung zunächst in erträglichen Grenzen, verschwand aber zusehends, je länger das Ereignis andauerte. Bereits nach ein paar Tagen war so viel Schnee gefallen, wie hier und in den letzten Jahren zusammen nicht geschehen. Nach einer halben Woche musste man sein auf der Straße geparktes Auto besonders markieren, um es unter einer meterhohen Schneedecke noch wiederzufinden. Inzwischen hatte die Spree ihren jahrelang bestehenden Aggregatzustand von flüssig auf fest geändert, die Ratten spielten Verstecken zwischen großflächigen Schollen, die sich besonders vor den Kanalausgängen meterhoch auftürmten. Der öffentliche Verkehr verlief nur noch sporadisch, außerhalb der Großstädte fand eine regelmäßige Versorgung nicht mehr oder nur noch in verschwindend kleinem Umfang statt. Stattdessen tönte „Mayday, Mayday!" besonders in den nördlichen Bezirken der DDR für mehr als eine Woche aus allen verfügbaren Lautsprechern. Aber wie bei allen vergleichbaren Naturkatastrophen ist die momentane Panik der konstruktiven Wiederherstellung nach gewünschter und vertrauter Ordnung gewichen.

Als der US-amerikanische Fernsehregisseur Marvin Chomsky 1979 seinen TV-Mehrteiler Holocaust einer breiteren Menge in der Öffentlichkeit präsentierte, war der Begriff von Holocaust hierzulande weder gebräuchlich, noch bekannt. Erst allmählich entwickelte sich auch in der deutschen Bevölkerung ein Gefühl dafür, dass nicht alles, was die Nazis verursacht oder inszeniert hatten, dem verwirrten Hirn von korrupten Einzeltätern entsprungen ist. Vielfach lag dem eine nationalistische, antisemitische Gesinnung zugrunde. Allerdings auch gut möglich, dass das jüdische Leid mit eigenen zionistischen Propagandamitteln verschlimmert wurde, um die angestaute Empörung noch zu verstärken. Zumindest konnten diesbezügliche Vermutungen nicht überzeugend widerlegt werden. Als ob meiner Oma angesichts des beschriebenen Elends einer ganzen Generation, die an dieser Entwicklung nicht so ganz unschuldig war, das letzte bisschen Lebensmut abhandengekommen war, hat sie sich aus diesem Leben verabschiedet. Immerhin hat sie es lange ausgehalten, zwei Weltkriege überstanden, drei Kindern das Leben geschenkt und neun Urenkeln das ermöglicht, was man unter Generationen versteht, einer davon ist der Autor dieses Buches. Da ich im Wesentlichen bei meiner Oma aufgewachsen bin - meine Eltern haben sich schon kurz nach meiner Geburt scheiden lassen - will ich die letzten Wochen und Monate dieses für mich bedeutsamen Lebens nicht als Randnotiz vergeuden, sondern angemessen würdigen, wie es ihr gerecht wird. Nach einem kurzfristigen Krankenhausaufenthalt war Oma nicht mehr in der Lage, in ihre Wohnung zurückzukehren, um sich selbst zu versorgen. Was also im größten Teils des zurückliegenden zwanzigsten Jahrhunderts niemals in Zweifel stand, unter welch widrigen, teilweise entwürdigenden Bedingungen meine Oma ihr Leben und das ihrer fünfköpfigen Familie in der Zwischenkriegsära zu meistern hatte und auch in der unserer heutigen, geradezu friedlichen Zeit, das kann man getrost als Herausforderung gegenüber einer Generation bezeichnen, die eine weitaus größere Lebensleistung erbracht hat, als dass heute für gewöhnlich zugestanden wird. Da einem manchmal das Leben Entscheidungen abverlangt, die keinen Aufschub dulden, muss man handeln. So geschehen in diesem Fall. Obwohl also mit drei eigenen Kindern scheinbar in existenzieller Sicherheit hinreichend versorgt, fand sich doch niemand, die kurzfristige Versorgung der vitalen Dinge des täglichen Lebens zu übernehmen, also haben Gabriele und ich diese Aufgabe übernommen. Platz war reichlich, ein Platzproblem besteht so gut wie nie. Wer aber kümmert sich mit der gleichen Hingabe wie eine Mutter um ihr krankes Kind?

Nach einigen Tagen meldete sich mein Onkel, um mitzuteilen, dass es doch jetzt wohl seine Aufgabe sei, sich um seine Mutter zu kümmern und meinte damit, ihr ein Zimmer in seinem Haus zu überlassen. Allerdings erschöpft sich die Sache der Betreuung nicht mit der Bereitstellung einer Schlafmöglichkeit, wie Onkel Kurt bald erfahren musste. Auch mit dem Zubereiten einer warmen Mahlzeit ist es nicht getan. Nach einigen Wochen war trotz massiver Unterstützung aller möglichen Stellen und Ämter eine Versorgung im häuslichen Rahmen nicht mehr gewährleistet, Onkel und Tante haben vor dem Alter und dessen Auswirkungen kapituliert und sie ins Hospiz des Evangelischen Johannisstifts gegeben. Anlässlich unseres letzten Besuchs im März 1979 waren ihre letzten Worte, an Gabriele gerichtet: „Pass gut auf meinen Jungen auf!“ und meinte mich.

Ende des regulären Studiums die Möglichkeiten, die sich mir aufgrund des ausklingenden Studiums in meiner neuen Wirkungsstätte, der Chirurgischen Notaufnahme von Krankenhaus Moabit boten. Da konnte man ahnen, wie sich künftig die ärztliche Tätigkeit entwickeln ließ. Die chirurgische Ambulanz stellte sich als das heraus, was man erwarten konnte, nämlich eine Abteilung, die sowohl von sachlicher

Intensität als auch von zwischenmenschlichem Spaß geprägt war. Und davon gab es reichlich. Bei aller gebotenen Seriosität hat es natürlich auch meiner Eitelkeit gedient, jetzt dem angestrebten Ziel ein großes Stück näher gekommen zu sein und die nächste Ausfahrt zu wählen. Das wäre dann wohl die letzte, zumindest in diesem Lebensabschnitt.

Mitten im Praktischen Jahr, also dem Ende des Studiums unaufhörlich entgegeneilend, lieferte die Sowjetunion ein Zeichen ihrer imperialistischen Gesinnung und wollte sich ganz gerne Afghanistan einverleiben, wohl mit der Absicht, weltweit an Aufmerksamkeit zu gewinnen. Die so genannte westliche Welt wollte sich dem aber nicht unterwerfen und verzichtete auf eine Teilnahme an den Olympischen Spielen, die vereinbarungsgemäß in Moskau stattfinden sollten. Da annähernd die Hälfte der Nationen zu Hause blieb, waren die sozialistischen Staaten quasi unter sich. Und genauso wirkte es allerdings auf die Weltöffentlichkeit, die wie immer, wenn der Sport der Politik gefährlich nahekommt, eine eindeutige Position erfolgreich vermieden hat. Während ich mich also in der chirurgischen Ambulanz aufhielt und auf die Notfälle wartete, die nach dem Einsturz der Berliner Kongresshalle angekündigt worden waren und keine geringe Panikstimmung unter dem medizinischen Fachpersonal auslösten, stolperten im fernen Moskau viele Athleten über die eigenen Beine oder fielen überraschend vom Pferd wie beim Wettbewerb der Springreiter, sehr zur allgemeinen Belustigung der vor dem Fernseher versammelten Belegschaft der Notfallambulanz. So geriet die ganze Veranstaltung in Verdacht, dass kein geringerer als Loriot, der Altmeister des feinen Humors, Regie geführt hätte.

Manchmal beschreitet ja das Schicksal merkwürdige, manchmal geradezu geheimnisvolle Wege. Diese Wege kreuzten sich prompt an einem warmen Sommertag mitten auf der belebten Kreuzung Gotzkowskystraße Ecke Alt-Moabit, ein in einem nahkampfähnlichen Konzert auf Bussen, Lkws und Lieferwagen. Den Rest der Nutzfläche haben sich schiedlich-friedlich Autofahrer, Radfahrer und Fußgänger geteilt. Und mitten drin, sorgfältig umkurvt von Lastern und BVG-Bussen, und in panischem Entsetzen saß ein kleiner Hund, der sich kaum zu bewegen traute. Kurz entschlossen – wie es so meine Art war – habe mich dem Hund genähert und ihn aus der unmittelbar drohenden Gefahr befreit. Gottlob war er mit einer Leine ausgestattet. Vermutlich war der kleine Kerl, den ich dann auf den Namen „Isolde“ taufte, von einem der nahegelegenen Geschäft ausgebüchst oder hat sich auf sonstige Weise seiner kurzfristigen Freiheit bemächtigt. Jetzt erst war zu erkennen, dass es sich um ein Exemplar aus dem Raritätenkabinett handelt. Ganz offensichtlich war dem Hund bereits in jungen Jahren ein Hinterbein durch eine Straßenbahn abhandengekommen, ihm ist aber dadurch kein nachhaltiges Defizit widerfahren. Die Cairnterrierhündin, denn um eine solche handelte es sich, gehörte einer geistig Behinderten, einer Rentnerin, die offenbar phasenweise mit der Hundeversorgung überfordert war. Dieser kleine, liebenswerte Dreibeiner stellte eine unglaubliche Bereicherung für unser nicht gerade tierarmes Leben dar, so dass sich eine heftige Trauer einstellte, als ich den Hund seiner ursprünglichen, aber auch trauernden Besitzerin wieder aushändigte. Damit hat diese Hundeepisode auch ihr gutes Ende gefunden. Ein tolles Tier, das trotz oder gerade wegen der physischen Behinderung so voller Lebensmut war und über eine lebensbejahende Ausgelassenheit verfügte, wie es auch Menschen mit vergleichbarem Schicksal nur zu wünschen ist.

Auch ein weniger erfreuliches Ende nahm das temporäre Engagement mit einer Gemeinschaft von Psychotherapeuten, der Gruppe Marx, auf deren Fahne der gewaltfreie Drogenentzug stand. Nur war das leichter gesagt, als getan. In der Zeit, als die „Kinder vom Bahnhof Zoo“ alle Gazetten füllten und sich eine allgemeine Ernüchterung breitmachte, als zu befürchten war, dem Drogenthema hilflos ausgeliefert zu sein, als dem „Sound“ in der Genthiner Straße mehr die Bedeutung eines Mekkas der Drogenwelt zu kam, haben sich einige Therapeuten vereinigt, um nach dem „Berliner Modell“ einen Entzug zu gestalten, der für die Abhängigen erträglich war und dennoch nicht von vornherein als erfolglos betrachtet werden musste. Für dieses Projekt wurden Freiwillige gesucht und mit mir auch gefunden. Worauf ich mich da genau eingelassen habe, sollte sich erst in den nächsten vier Wochen zeigen. Die Heroinabhängige namens Yvonne war siebzehn, hübsch, aber Haut und Knochen, um einen beliebten Vergleich aus der Ernährungskunde zu strapazieren. Der Kern der Übung bestand in einer permanenten Überwachung der betroffenen Person. Yvonne hatte sich also dauerhaft, also auch nachts unter unserem permanenten Zugriff aufzuhalten. Damit waren Handschellen verordnet, was einer gewissen Peinlichkeit nicht entbehrte, aber für eine schicksalhafte Unabwendbarkeit sorgte.

Mit nicht enden wollender Gleichförmigkeit wiederholte sich das tägliche Vorgehen, in erster Linie als Rechtfertigungsgrund für die Vergütungspauschale, die dem Senat von Berlin in Rechnung gestellt wurde. Kost, Logis, Anwesenheitskontrolle, Begleitung bei physiotherapeutischen Maßnahmen und alle weiteren kontrollpflichtigen Aufgaben, auf die eine siebzehnjährige Drogenabhängige einen Rechtsanspruch haben mag oder glaubt, einen solchen zu haben, auf jeden Fall eine Tätigkeit mit Echtheitszertifikat. Wenige Augenblicke nach Ablauf der Handschellensperrfrist hat sich Yvonne sang- und klanglos aus dem Staub gemacht Richtung U-Bahnhof Hansaplatz kurz vor dem Bahnhof Zoo, einigen sicher bekannt als Hauptumschlagplatz für Drogen und Kinderprostitution, der durch Christiane F. – Wir Kinder vom Bahnhof Zoo zu trauriger Berühmtheit gekommen, allerdings nicht, ohne mich vom letzten, frei zugängigen Fünfzigmarkschein zu befreien, den ich noch in meiner Geldbörse aufbewahrt hatte, vermutlich für schlechte Zeiten. Dass diese aber so unverzüglich bevorstanden, war nicht zu ahnen, oder vielleicht doch? War das am Ende vielleicht sogar der Plan des Senats, eine gewisse Naivität unter die Protagonisten zu verbreiten, um mit dem Zweck eines schlechten Beispiels dienen zu können, einem aussichtslosen Projekt noch ein bisschen Optimismus zu verabreichen? Werden Finanzmittel selbst dann von der öffentlichen Hand verballert, wenn sie nachweislich keinen Effekt haben? Wir wissen es nicht und werden es vermutlich auch nie erfahren. Erst recht nicht, nachdem in der Folge der so genannten

Wiedervereinigung politische Verantwortung nach Belieben hin und hergeschoben wurde frei nach der populistischen Tradition des „Wer will noch mal, wer hat noch nicht?“

# 7. KAPITEL:

## PJ UND TIERVERSUCHE

Meine Abneigung gegen Tierversuche jeder Art begann eigentlich schon in der Vorklinik, also in dem ersten Studienabschnitt, in dem neben den Naturwissenschaften auch zarte Versuche aus Anatomie und Physiologie zu erfüllen waren. Eine der unsinnigsten Tierversuche war streng genommen kein Versuch, sondern eine Hinrichtung, also die geplante Tötung eines eigenständigen Lebewesens, nach dem Tierschutzgesetz eine strafbare Handlung außer aus einem vernünftigen Grund. Wenn es also als unverzichtbarer Bestandteil der Medizinerausbildung betrachtet wird, einen Frosch zu enthaupten, um anschließend die Rückenmarksreflexe zu beobachten, der noch eine Zeit lang erhalten sind, der braucht schon eine gehörige Portion Zynismus, um darin einen „vernünftigen“ Grund im Sinne des Tierschutzgesetzes zu sehen.

Übrigens, war „Vernunft“ nicht gerade jene menschliche Eigenschaft, die ihn vom Tier unterscheidet? Wenn dies ein philosophischer Grundsatz mit allgemeiner Verbindlichkeit ist, müsste er dann nicht auch für alle Mitgeschöpfe, ja für alle Lebewesen gleichermaßen gelten? Verlieren wir nicht einen Großteil unserer Glaubwürdigkeit, wenn wir ständig anders handeln? Die Methode wird umso fragwürdiger, führt man sich vor Augen, dass ein Frosch sein Leben lässt, damit ein Medizinstudent mit Anfängerstatus den Zusammenhang zwischen Nerven und Bewegung begreift. Nicht viel besser ergeht es einer Reihe von Katzen, als ihnen blutdrucksteigernde Arzneimittel verabreicht wurden, deren Überdosierung sie nicht überleben sollten. Als folgsame Probanden haben sie natürlich auch nicht widersprochen, sondern sind gestorben, nicht alle still und friedlich, manche haben sich gegen das drohende Unheil mit letzter Kraft gestemmt. Alles vergebens. Im Sommer kündigte sich das nächste Ereignis an, das deutlich an Intensität gewann und meine mittlerweile militante Haltung gegenüber jedweden Tierexperimenten nun bis hin zur Nutztierhaltung ausgedehnt hat. Der Zufall oder dessen Abgesandter hat es so gefügt, dass das chirurgische Praktikum von einem Hochschullehrer vorgenommen wurde, der seinerseits gerade sein Symposium in den USA beendet hatte und länger auf seinen Flieger gewartet hatte, als zu erwarten war. Mit einer gehörigen Wartezeit von knapp einer Stunde setzte dann die Veranstaltung ein. Thema: Künstliche Schlagaderimplantation bei Beagle-Population.

Der Dozent stand noch ganz im Bann seines Vortrags in Houston, dass er offensichtlich eine, wenngleich auch elementare Voraussetzung völlig außer Acht ließ. Analogieschlüsse sind nur dann zulässig, wenn gleiche Bedingungen herrschen. Ein Rückschluss ist aber demnach weder sinnvoll, noch überhaupt zulässig, wenn ich kranke Menschen mit gesunden Hunden vergleiche. Sollte also das Experiment, gesunden Beagle eine künstliche Schlagader einzupflanzen, von irgendeinem Nutzen sein, so müsste sichergestellt werden, dass der Hund ebenso krank ist wie die künftigen Menschen. Ansonsten wäre das vermeintliche Ergebnis der Versuchsanordnung genauso sinnlos, als wenn man einen gesunden Menschen mit einer Prothese versorgt in der Hoffnung, es würde ihm dann ungünstige Krankheitsverläufe

erspart bleiben. Schon Erstklässler müssen lernen, dass man Äpfel nicht mit Birnen vergleichen kann. Nachdem ich diese meine Gedanken den Seminarteilnehmern und dem Herrn Professor mitgeteilt und mit der Bemerkung endete, dass Tierversuche aus den genannten Gründen nun wirklich keinen Sinn machen, entstand zunächst eine irrationale Pause, die die Vermutung gestattete, das Thema wird nicht weiterverfolgt. Dann aber, nach einer gefühlten Ewigkeit erklang die Dozentenstimme unerwartet entschlossen: „Eigentlich haben Sie recht!“ Natürlich finden Tierversuche trotz meines prinzipiell richtigen Einwands nach wie vor statt. Wer sich fragt, warum das geschieht, dem sei entgegengehalten „Weil wir die Macht dazu haben, nicht das Recht!“. Das schließt automatisch die Moral aus! Ein weiterer trauriger Höhepunkt aus der Welt der Scheinwissenschaft, also der Erkenntnis ohne Moral - seit Einstein und der Atombombe ein äußerst fragwürdiges Verfahren – ist der forcierte Schwimmtest. Bei diesem wird die Bereitschaft eines Nagetiers untersucht, dem drohenden Ertrinken durch Selbstaufgabe zu begegnen, also bei aussichtsloser Situation des Individuums eine Form des Suizids zu wählen. Obwohl dieser „Test“ mittlerweile von führenden Anhängern der Experimentatoren als wenig aussagekräftig abgelehnt wird, geht es noch schlimmer: Ebenso wenig ist eine besonders reife Frucht vom Baum der Erkenntnis zu erwarten, wenn einem neugeborenen Affenbaby die Augenlider vernäht werden, ihn also künstlich der Sehfähigkeit beraubt wird, um die zu erwartende neurologische Fehlentwicklung, die bei totaler Amaurose zwangsläufig auftritt, zu beobachten.

Alle diese Schilderungen haben eines gemeinsam: Der Umfang wissenschaftlich verwertbarer Ergebnisse rechtfertigt in keinem Fall einen solch monströsen Umgang mit Experimenten an Mitgeschöpfen, denen das Recht auf eigenes Leben mit fragwürdigen Methoden verwehrt wird.

Die drei Sommermonate bis zur letzten schriftlichen Prüfung, dem Staatsexamen, habe ich mir praktisch so vorgestellt, dass ich eine Aushilfstätigkeit als Stationshilfe in der renommierten Schloßpark-Klinik übernehmen würde und dann sehe, was das Schicksal für mich bereithält. Somit habe ich mich eine Weile wie ein Nichtschwimmer über Wasser gehalten, ohne zu ertrinken. Als sich der Prüfungstermin mit unerbittlicher Härte dem Ende näherte, beschlossen mein Mitstreiter, Jürgen Sakowski, und ich, den Tag, der ganz im Zeichen des bevorstehenden Großereignisses stand, in der den Verhältnissen angemessenen Umgebung, der Weddinger Kneipe „Wassermann", ausklingen zu lassen, nicht ahnend, dass es auch Menschen gibt, die Streit suchen und gelegentlich auch finden, besonders wenn sie auf solche Naivlinge treffen wie mich. So eine Tresenunterhaltung ist nicht immer geeignet, Freundschaften fürs Leben zu schließen. So war es auch diesmal. Dem schweigendem Gegenüber unseres am Vorabend des Staatsexamens finalen Dialogs haben diese Ausführungen wohl eher missfallen als zugesagt. Also hat er mich ultimativ aufgefordert, das Gesprächsthema zu wechseln und das Bierglas abzustellen.

Während ich noch mit der Überlegung beschäftigt war, was wohl im Falle der Missachtung dieser Aufforderung geschehen würde, hatte ich mir bereits die ersten Hiebe eingefangen. Dies geschah alles dermaßen plötzlich, dass jede Gegenwehr in rudimentären Versuchen stecken blieb. Meinem Kollegen Sakowski hingegen, einem physikalischen Leichtgewicht, reichte ein gezielter Schlag, und er rutschte auf gebohnertem Fußboden unter den Flipper-Automaten, der für diese Fälle wahrscheinlich gar nicht lizensiert war. Da bei Jürgen recht schnell das Licht ausging, konnte er mir auch keine Unterstützung gewähren, die ich recht gut hätte brauchen können. Irgendwie ist es mir dann aber doch noch gelungen, dem Gemetzel zu entfliehen. Am nächsten Tag hatte ich die Ziellinie des zurückliegenden Studiums überschritten, im Antlitz gezeichnet von der Schlägerei am Abend zuvor, der ich – wie es so meine Art ist, nicht ausweichen wollte, obwohl ich es vermocht hätte. Am nächsten Tag, dem Tag der Entscheidung, hatten es die offiziellen Staatsdiener vor den Schranken des Prüfungsraums nicht ganz leicht, anhand der vorliegenden Fotografien meine Identität zu klären und mussten sich mündlich meines Willens vergewissern, das Examen wahrzunehmen.

Jetzt hatte ich also das Examen, und nun? In Berlin, der Stadt, aus der ich eigentlich stamme und zu der ich eine besondere Beziehung unterhielt, war auf Anhieb keine geeignete Stelle zu bekommen. Also lautete die Lösung nur Abwarten oder Weggehen. Da es mal wieder mit der zweiten Ehe bergab ging – das Nirwana war zwar noch nicht erreicht, stand aber unmittelbar bevor – habe ich in einem Ortswechsel – verbunden mit einem Wechsel des Lebensmittelpunktes – eher eine Chance als ein Missgeschick gesehen. In jedem Fall musste aber eine Stelle her, die mich zur Ausübung dieses Berufs berechtigte. In den einschlägigen Anzeigeblättern gab es eine illustre Auswahl, die sich – dafür aber recht deutlich – regional voneinander unterschieden. In die engere Auswahl kamen damit die innere Abteilung in Warstein im Sauerland, die chirurgische Abteilung in Warburg in Westfalen, die Chirurgie in Homberg / Efze. Am Ende haben die noblen Rahmenbedingungen, die Finanzierung von Umzug und Wohnungskosten den Ausschlag bedingt. Warburg war ein nettes Städtchen, das Krankenhaus erträglich neuwertig, die Abteilung wurde von zwei Chefärzten geleitet, mit denen man zurechtkommen konnte. Das Beste aber war die Unterkunft; ein modernisierter fünfzimmeriger Flügel auf einem ehrwürdigen Rittergut, das diese Bezeichnung allemal verdient.

Und so geschah es, was sich über Wochen angekündigt hat. Der Ortswechsel wurde vollzogen, der Beruf als Arzt in Warburg / Westfalen mit Freude und Passion wahrgenommen. In einer noblen häuslichen Umgebung konnte man zufrieden sein. Nur was nicht so richtig passte, war die Beziehungskiste. Gabriele, meine damalige Frau, glaubte, ein doppeltes Spiel spielen zu können, also sowohl ihre alte Beziehung nicht aufgeben zu müssen, als auch die aktuelle Beziehung nicht zu restaurieren. Witzigerweise hat sie mit unserem ehemaligen Berliner Nachbarn, einem Kunstmaler und Galeristen angebandelt, und auch dieses Verhältnis war dann nicht das letzte seiner Art. In Berlin hatte ich sozusagen präfinal die Freundschaft mit dem arbeitslosen Automechaniker Manfred Sperling hergestellt, mit dem ich gelegentlich ein Feierabendbier geteilt habe und den ich in mein neues Domizil ins Rittergut nach Wettesingen eingeladen habe. Vieles hätte wahrscheinlich einen völlig anderen Verlauf genommen, wäre Gabriele nicht mit Manfred eine offensichtliche Beziehung eingegangen, die in dem kleinstädtischen, katholischen Warburg nicht so gern gesehen war, ja geradezu für peinliche Betroffenheit sorgte. Hier stand allerdings plötzlich und ohne Ankündigung meine Reputation als frischer Assistenzarzt auf dem Spiel. So durfte und wollte ich mich nicht vorführen lassen. Und so nahm das Schicksal seinen Lauf in Gestalt einer blutjungen, aber sehr hübschen Schwesternschülerin aus der Kongregation der Vinzentinerinnen, einer Unterfraktion der für die Schwesternausbildung zuständigen Nonnen gleichen Namens. Dem liebreizenden Charme dieses jungen Mädchens namens Kerstin war ich dann wohl erlegen, einen langen Kampf hat es allerdings nicht gegeben. Dafür hat aber dieses Menschenkind den Rest meines Lebens für die nächsten vierzig Jahre maßgebend beeinflusst, mir drei wundervolle Kinder geschenkt, ist mir nicht mehr von der Seite gewichen und hat für mich wie die Fee aus Cinderella fortwährend mit Glücksgefühlen verwöhnt. Dafür gebührt ihr mein tiefer Dank. Und aus diesem Grund ist sie die Hauptperson des dritten Buches meiner Trilogie „Im Rückspiegel" (1982-2014).

**Auch erhältlich:**

**Band 1:**
IM RÜCKSPIEGEL
Erinnerungen eines Berliner Blockadekindes
ISBN: 978-3-96229-466-3